农业生态
资本投资生态溢出效应研究

Study on Ecological Spillover Effect of Agricultural Ecological Capital Investment

刘昊昕　著

華中科技大學出版社
http://www.hustp.com
中国·武汉

图书在版编目(CIP)数据

农业生态资本投资生态溢出效应研究/刘昊昕著.—武汉：华中科技大学出版社，2021.9

ISBN 978-7-5680-7493-3

Ⅰ.①农… Ⅱ.①刘… Ⅲ.①农业投资-生态经济-研究-中国 Ⅳ.①F323.9

中国版本图书馆 CIP 数据核字(2021)第 184020 号

农业生态资本投资生态溢出效应研究 刘昊昕 著

Nongye Shengtai Ziben Touzi Shengtai Yichu Xiaoying Yanjiu

策划编辑：金 紫

责任编辑：周怡露

封面设计：原色设计

责任监印：朱 玢

出版发行：华中科技大学出版社(中国·武汉) 电话：(027)81321913

武汉市东湖新技术开发区华工科技园 邮编：430223

录 排：华中科技大学惠友文印中心

印 刷：武汉科源印刷设计有限公司

开 本：710mm×1000mm 1/16

印 张：13

字 数：206 千字

版 次：2021 年 9 月第 1 版第 1 次印刷

定 价：68.00 元

華中出版

本书若有印装质量问题，请向出版社营销中心调换

全国免费服务热线：400-6679-118 竭诚为您服务

前　言

农业生态资源是生存之基、发展之本、财富之源。如何实现农业生态资源与农村社会经济的协同发展，通过农业生态资源的资本化处置，在保持可持续发展的基本前提下显化释放农业生态资源价值，是我国农村经济提质增效亟待解决的重要问题，而“绿水青山就是金山银山”的“两山”理论无疑为解决这个难题提供了一个较好的方案。“绿水青山”“金山银山”分别体现了生态资源的资源属性和资本属性，农业生态资本投资就是在坚持农业生态资本存量非减性原则下，对农业生态资本使用价值的有效转化，即对其资本化过程进行有效的计划、组织、实施和控制，依据农业生态产品的消费及其形态的变化，实现农业生态资本与其他资本协同运作，且长期收益整体最大化而进行的活动。随着生态文明理论的发展、农业绿色发展模式的兴起，农业生态环境建设投资力度逐年加大，生态资本化与资本生态化已经成为农业生态环境建设的方向和趋势，农业生态资本投资正在迅速成为农业经济可持续发展的有效模式与现实路径。

与此同时，对于优化农业生态资本投资的生态溢出效应，进一步释放生态红利的实践探索也在如火如荼地展开。2017 年 8 月，《中共中央　国务院关于完善主体功能区战略和制度的若干意见》提出，“要建立健全生态产品价值实现机制，挖掘生态产品市场价值”，“选择浙江、江西、贵州、青海等省份具备条件的地区，开展生态产品价值实现机制试点”。2018 年 4 月，习近平总书记在深入推动长江经济带发展座谈会上强调：“要积极探索推广绿水青山转化为金山银山的路径。”生态产品价值实现方式的探索是优化农业生态资本投资的关键一环。近几年，我国先后在福建、海南等地启动生态产品价值实现先行区、试验区建设，在贵州、浙江、江西、青海四省开展生态产品市场化先行试点工作，这些示范区正在尝试走出一条将生态资源持续不断转化为发展红利的特色之路。生态红利持续释放，生态涵养更加深厚，百姓生活愈发富足，示范效应不断溢出。福建省南平市构建“森林生态银行”自然资源管理、开发和运营的平台，对碎片化的森林资源进行集中收储和整合优化，并引入社会资本和专业运营商具体管理。浙江丽水整合全域山区自然资源，将丽水市下辖的七县一区一市知名特产收归一处，整体打包，以新品牌“丽水山耕”推向市场。“丽水山耕”提出要以“1＋N”的全产业链一体化公共服务支撑体系，形成“丽水山耕＋县域品牌（产业品牌）＋企业品牌”的母子品牌矩阵，以“母鸡带小鸡”的方式，实现子品牌产品溢价，走活扩大高质量农产品有效供给之路。重庆市通过设置森林覆盖率约束性考核指标，形成了森林覆盖率达标地区和不达标地区之间的交易需求，搭建了生态产品直接交易的平台。同时，以地票制度为核心，拓展地票生态功能，建立了市场化的“退建还耕还林还草”机制，实现了统筹城乡发展、推动生态修复，进一步优化了农业生态资本投资生态溢出路径，扩大了农业生态资本投资生态溢出的红利。

然而我国农村地区幅员辽阔，地理、历史等方面原因导致各地区农业经济发展存在巨大差异，因此各区域农业生态资本投资也会有显著的不同，其产生的生态溢出效果也不尽相同。那么，中国农业生态资本投资水平的现实水平如何，其历史演变轨迹与发展趋势如何，是否存在某种变化特征与规律？农业生态资本投资其生态收益在空间上是否存在外溢效应，此种外溢效应又是由何种因素的空间相互作用导致的？如果存在外溢效应，则意味着农业生态资本投资发展中不能忽视空间地理因素可能的重要作用，而在农业结构优化与转型的背景下，需要确定什么样的政策来不断提升农业的整体生态资本投资水平？深入系统地研究这些问题，不仅对于探索农业绿色发展具有重要的理论意义，而且有助于地方政府识别农业绿色发展进程中存在的问题及其空间关联性，为农业绿色发展的区域协调政策制定提供参考依据，对促进我国农业绿色发展以及乡村振兴的全面实现具有重要的现实意义。

本书涉及研究以“农业生态资本投资水平”为主题，是依托国家社会科学基金重点项目“我国自然资源资本化市场建设的政策体系构建研究”（项目编号：15AZD062）所进行的延续与拓展研究。本书采用文献梳理与社会调查相结合、理论演绎与案例比较相结合，以及定性与定量分析相结合等多种研究方法，以生态资本、农业生态资本投资以及农业生态资本投资生态溢出效应的概念界定为逻辑起点，以生态资本理论，资本投资理论，公共品、外部性与外溢性理论，生态经济理论以及空间经济学理论为理论基础，以“农业生态资本投资水平测度、农业生态资本投资生态溢出机理、农业生态资本投资生态溢出机理影响因素实证检验”为逻辑主线，系统性分析了农业生态资本投资指标体系、农业生态资本投资生态溢出的价值与条件、农业生态资本投资生态溢出机理以及农业生态资本投资生态溢出的影响因素，并结合我国宏观省域数据对农业生态资本投资影响因素进行实证检验，以期科学分析农业生态资本投资的作用机理，规范生态资本投资方式和投资强度，优化农业生态资本投资生态溢出效应，为推进农业绿色发展，实现乡村振兴提供理论依据和决策参考。

目　　录

导　论

第一节　研究背景与研究意义

一、研究背景

（一）农村环境与资源约束日益加剧

农业关乎国家食物安全、资源安全和生态安全。大力推动农业可持续发展，是实现“乡村振兴”战略布局、建设美丽中国的必然选择，是中国特色新型农业现代化的内在要求。改革开放40多年来，我国农业农村经济取得巨大成就，但是由于农业资源过度开发、农业投入品过量使用、地下水超采以及农业内外源污染相互叠加等带来的一系列问题日益凸显，农业可持续发展面临重大挑战。

农村资源硬约束日益加剧，保障粮食等主要农产品供给的任务更加艰巨。人多地少水缺是我国基本国情。全国年均新增建设用地占用耕地约480万亩（注：1亩≈666.6 m^2），被占用耕地的土壤耕作层资源浪费严重，占补平衡补充耕地质量不高，守住18亿亩耕地“红线”的压力越来越大。耕地质量下降，黑土层变薄、土壤酸化、耕作层变浅等问题凸显。农田灌溉水有效利用系数比发达国家平均水平低0.2，华北地下水超采严重。我国粮食等主要农产品需求刚性增长，水土资源越绷越紧，确保国家粮食安全和主要农产品有效供给与资源约束的矛盾日益尖锐。

农村环境污染问题突出，确保农产品质量安全的任务更加艰巨。工业“三废”和城市生活等外源污染向农业农村扩散，镉、汞、砷等重金属不断向农产品产地环境渗透，全国土壤主要污染物点位超标率为16.1%。农业内源性污染严重，化肥、农药利用率不足1/3，农膜回收率不足2/3，畜禽粪污有效处理率不到一半，秸秆焚烧现象普遍存在。海洋富营养化问题突出，赤潮、绿潮时有发生，渔业水域生态环境恶化。农村垃圾、污水处理严重不足。农业农村环境污染加重的态势直接影响了农产品质量安全。

农业生态系统退化明显，建设生态保育型农业的任务更加艰巨。全国水土流失面积达295万平方千米，年均土壤侵蚀量45亿吨，沙化土地173万平方千米，石漠化面积12万平方千米。高强度、粗放式生产方式导致农田生态系统结构失衡、功能退化，农林、农牧复合生态系统亟待建立。草原超载过牧问题依然突出，草原生态总体恶化局面尚未根本扭转。湖泊、湿地面积萎缩，生态服务功能弱化。生物多样性受到严重威胁，濒危物种增多。生态系统退化，生态保育型农业发展面临诸多挑战。

（二）农业生态资本投资规模持续增长，但总体水平偏低

乡村生态振兴需要建设良好的农业生态系统。农业生态系统的良性循环取决于农业生态资本存量。由于我国农村地域辽阔，地形复杂，气候多样，农村生态环境相对脆弱，再加上农业人口众多，单纯依靠农业生态系统自身修复增值补充是远远不够的，必须依靠农业生态资本投资来增加生态资本存量。为此，政府做出了艰苦卓绝的工作。我国农业农村经济发展成就显著，现代农业加快发展，生态技术环保装备水平不断提高，农业资源环境保护与生态建设支持力度不断加大，农业生态投资水平不断提升。国家先后启动水土保持、退耕还林还草、退牧还草、防沙治沙、石漠化治理、草原生态保护补助奖励等一批重大工程和补助政策，加强农田、森林、草原、海洋生态系统保护与建设，强化外来物种入侵预防控制，全国农业生态恶化趋势初步得到遏制、局部地区出现好转。2019年，水稻、玉米、小麦三大粮食作物化肥利用率为39.2%，农药利用率为39.8%。全国共建立以国家公园为主体的各级、各类保护地逾1.18万个，保护面积占全国陆域国土面积的18.0%、占管辖海域面积的4.1%。2019年全国森林覆盖率达到22.96%，全国草原面积占国土面积的41.7%。全国地表水监测的1931个水质断面（点位）中，Ⅰ～Ⅲ类水质断面（点位）占74.9%，劣Ⅴ类占3.4%，比2018年下降3.3个百分点。同时农村人居环境逐步改善。积极推进农村危房改造、

游牧民定居、农村环境连片整治、标准化规模养殖、秸秆综合利用、农村沼气和农村饮水安全工程建设，加强生态村镇、美丽乡村创建和农村传统文化保护，发展休闲农业，农村人居环境逐步得到改善。截至 2020 年底，改造农村危房 3565 万户，定居游牧民 64.6 万户；8.9 万个村庄开展了环境整治，直接受益人口约 1.1 亿。

虽然农业生态资本投资取得了很大的成效，但是因农业生态资本投资管理体制机制尚不健全，农业生态资本投资水平总体不高，如水土等资源资产管理体制机制尚未建立，山水林田湖等缺乏统一保护和修复。农业资源市场化配置机制尚未建立，特别是反映水资源稀缺程度的价格机制没有形成。循环农业发展激励机制不完善，种养业发展不协调，农业废弃物资源化利用率较低。农业生态补偿机制尚不健全。农业污染责任主体不明确，监管机制缺失，污染成本过低。全面反映经济社会价值的农业资源定价机制、利益补偿机制和奖惩机制的缺失和不健全，制约了农业资源合理利用和生态环境保护。农业投资生态投资主体比较单一，以政府投资为主，私人和社会资本很难进入，农业生态资本难以持续输入生态系统，农业生态系统难以维持稳定。这需要广开区域生态资本投资渠道，以此来保障经济社会可持续发展。

农业经济社会可持续发展要以一定的农业生态资本存量作为支撑，如何增加农业生态资本投入是环境治理的关键问题。生态资源作为公共产品，较易产生“搭便车”等社会问题，从而形成投资主体单一化的特性。农业生态资本投资渠道窄、投资基础薄弱，严重制约社会的发展，优化农业生态资本投资机制，构建适应我国农村新型环境治理策略的创新机制，对促进我国农业经济社会与农村生态环境保护的协调发展具有非常重要的意义。

（三）加大农业生态资本投资是实现乡村振兴的重要支撑

党的十九大报告指出：“人与自然是生命共同体，人类必须尊重自然、顺应自然、保护自然。”习近平总书记提出的“绿水青山就是金山银山”理念揭示了人与生态环境、经济发展与资源可持续利用之间的辩证关系和内在规律，同时十九大报告明确提出了乡村振兴战略，指出农业农村农民问题是关系国计民生的根本性问题，必须始终把解决好“三农”问题作为全党工作的重中之重，实施乡村振兴战略。2017 年 9 月中共中央办公厅、国务院提出“农业绿色发展”，要守住绿水青山，建设美丽中国，维系农村永续发展。2020 年 7 月第十三届全国人大常委会第十九次会议通过了对《乡村振兴促进法（草案）》的审查，其中规定：国家加强乡村生态保护，实施重要生态系统保护和修复工程，健全重要生态系统保护制度和生态保护补偿机制，改善乡村生态环境。《中共中央　国务院关于全面推进乡村振兴加快农业农村现代化的意见》（中发〔2021〕1 号）指出，民族要复兴，乡村必振兴。要坚持把解决好“三农”问题作为全党工作重中之重，把全面推进乡村振兴作为实现中华民族伟大复兴的一项重大任务，举全党全社会之力加快农业农村现代化，让广大农民过上更加美好的生活。

加大农业生态资本投资，推进农业绿色发展是实现乡村振兴的必由之路。在促进农村经济发展的同时，还要强调促进农村生态安全、资源安全。加大农业生态资本投资，农业生态资本存量不断持续输入，保持农业生态资本存量的非减性，使得农业生态系统更加稳定。加大农业生态资本投资，推进农业绿色发展，体现出“以人为本”的科学发展观，与习近平总书记提出的“绿水青山就是金山银山”的生态发展观是高度一致的。加大农业生态投资，首先，要加大对农业农村污染治理的力度和投入，形成农业农村污染治理的体制机制，统筹城乡的环境处理处置基础设施，农村生态环境监管能力将得到较全面的提升，农民参与农业农村生态环境保护的积极性和主动性显著提高。届时，随着农村生态环境的改善及其与城镇生态环境差距的缩小，加之生态环境治理本身具有的技术性和系统性，将为农村人才的引入和基层组织的加强创造有利条件，为人才振兴和组织振兴提供新的契机和动力。其次，农业生态资本投资是对生态资本价值的运用和消费，是为了生态资本收益最大化而进行的投资行为，因此立足本地资源禀赋特点和生态环境优势，以建立生态产品价值实现机制为导向，推进生态产业化，利用良好生态环境这个农村最大优势和宝贵财富，积极发展康养产业、有机食品产业，还可以利用生物资源多样性发展中药材种植、加工产业。进而，在产权清晰、投资渠道明晰、收益有保证的条件下，运用市场机制将环境治理和生态保护修复产业化。这是农业生态投资价值实现的核心内容，也是实现乡村生态振兴的关键，更是实现产业振兴的重心所在。把生态价值转化成经济价值，实现绿色富民惠民。

我国是一个农业人口比例比较高、资源相对短缺、生态持续退化、环境状况相当严峻的发展中国家，研究农业生态资本投资的基本理论问题，就是要探索如何实现农业可持续发展和农业生态系统的平衡与良性循环，探索以人为本的科学发展观，构建和谐社会，推动现代农业发展，实现乡村振兴。

（四）优化生态溢出是提升农业生态资本投资水平的重要措施

农业生态资本投资作为具有强烈外部性的公共活动，其供给的生态服务具有强烈的跨越行政边界的非定向扩散性，这使得受益者可以在不付出任何成本的条件下享受和消费由农业生态资本投资行为产生的非市场商品和服务，从而满足自身效用。农业生态系统服务具有逃逸性，所有权和受益者常常是分离的。作为生态系统的一部分，区域生态系统要与生态系统进行物质、能量和信息的交流。同时，区域生态系统产生的服务也会随着空气、水的流动和物品的转移而产生功能转移。结果是某区域服务功能得到显著改善后，受益的群体不只局限于本地，甚至主要不是本地受益，而是下游、下风向地区以及周边区域受益，这就是农业生态系统服务的正外部性。服务的逃逸性造成农业生态服务供给者和受益者身份难以确定，没有了交易主体，农业生态资本投资的价值自然难以实现。但农业生态系统承担了国家粮食安全等重要使命，为了确保农业生态服务的稳定供给，中央政府采取了一系列土地利用管制政策对农业进行保护并限制农地的过快非农化，然而不同地区间生态资源禀赋存在差异，因而这些规划和管制措施会使得区域内农业生态环境质量较高的地方政府承担了过多的农业生态系统保护的任务，从而错过了将农业生态资源转为经济资源的机会。相反，那些资源禀赋相对较低的地方政府因承担了较少的农业生态系统的保护责任，而获取了更多的经济发展机会。地方政府虽然作为中央政府和基层农村集体组织之间的中间机构，但同样是相对独立的理性经济个体，有追求自身经济最大化的动机。因此，如何协调农业生态资本投资资源，如何优化区域间的农业生态资本投资的生态溢出效应，保证农业生态资本投资的可持续性和农业生态系统的稳定性，相关研究非常重要。

二、研究意义

（一）理论意义

该研究理论有以下三点意义。

第一，本研究有助于进一步厘清农业生态资本投资的基本内涵，探索农业生态资本投资水平的衡量方法，助推农业生态资本投资相关理论研究的不断深入。生态资本概念的提出虽然在一定程度上反映出学术界乃至公众对生态环境和生态资源的重视程度以及对生态价值的重新认识，但学界关于生态资本的基本内涵及其相关理论尚未形成统一认识，生态资本及其相关理论发展仍处于探索阶段或初级发展阶段。就农业生态资本的基本内涵及其相关理论而言，学术界研究成果较少，尤其是农业生态资本基本内涵及农业生态资本投资的相关研究更少。由于农业生态资本投资涉及经济学、管理学和投资学等众多学科，研究者往往从各自不同的研究领域结合各自的研究目的进行研究，从而得出相应结论，显然，这样虽然拓展了农业生态资本投资相关研究，但研究结论不具有可比性。同时，目前关于生态资本投资以及农业生态资本投资的研究多局限于定性研究，定量研究成果相当有限。因此，本书在已有研究成果基础上，从经济学视角，探索农业生态资本投资基本内涵以及农业生态资本投资水平的定量衡量方法，并测算出农业生态资本投资水平，以期拓展和丰富农业生态资本投资相关理论。

第二，本研究有助于进一步弄清农业生态资本投资的机制和作用机理，丰富中国农村可持续发展理论体系，为实现中国农村生态、经济和社会协调发展提供理论参考。本书从农业生态污染治理、农业生态系统修复、农业生态保护补偿、农业生态文化培育和农村生态产业发展投资五个维度构建农村生态资本投资的指标体系，拓展了农村可持续发展的基本内涵以及农村生态资本投资溢出效应的衡量方法。同时，本书从农业生态资本投资视角，创造性地探寻农业生态资本投资对农村发展的不同维度的影响，丰富了农村可持续发展的理论体系。

第三，本研究尝试从空间视角对农业生态资本投资生态溢出的机理以及影响因素进行研究，并提出针对性的提升路径和政策设计，在一定程度上丰富和发展了农村生态治理理论,同时将在实践层面为我国农村环境治理的管理提供了另一种思路。近年来,尽管政府部门加大了对农村生态污染治理、农村生态系统修复和生态保育的投入,但是环境治理的外溢效应研究非常少,特别是在目前条块分割的行政辖区背景下,受制于中央绩效考核和地方官员竞争的双重压力,各级地方政府的关注点容易局限于本辖区内公共品的提供,跨辖区环境公共品的提供则很难进入地方决策事业,再加上外溢性环境公共品在相关辖区间的供给职责不明晰,且收益的外溢性可能反而有利于竞争对手地区。这种责任与收益的不对等进一步强化了地方政府"搭便车"的动机和狭隘的竞争观。因此,对于外溢性环境公共品供给存在,各地方政府容易产生卸责和推诿倾向。本书尝试从空间的视角分析农业生态资本投资的溢出机理和影响机制,并对我国农业生态资本投资水平的提升路径和政策进行设计。

(二) 实际意义

本研究的实际意义有以下三点。

第一,有助于改变人们的财富观以及促进农业生态资本投资的持续不断投入,从而有利于改善农村生态环境,为实现生态、经济和社会的协调发展创造基础。农业生态资本投资的研究将改变生态资源无价值的陈旧观念,改变人们特别是农村居民的财富观,提高人们生态环境保护意识,调动人们保护生态环境的积极性。农业生态资本的价值促使政府、企业组织和个人等积极参与农业生态资本投资,使农业生态资本在经济发展过程中至少保持存量的非减性,从而有利于生态、经济和社会的持续健康发展。

第二,有利于提高我国农业生态资本存量的非减性,为农村经济社会的可持续发展提供生态资源环境基础支撑。生态资本投资理论提示人们应适当发挥良好生态资源和环境质量的优势,创造经济效益,依托其优良的生态资源与自然环境发展农村生态产业,实现农业生态经济化和农业经济生态化。通过创新农业生态资源资本化体制机制和制度安排,促进农业生态产业与农业生态经济发展,加快农业生态经济区建设进程,使农村居民树立生态效益观,摆脱农村生态贫困与农村经济贫困的恶性循环,走生态致富之路,将农村生态环境保护与农业经济发展相结合进行整体考虑,给农村生态以平等态度和人文关怀，践行自觉自律的农业生产生活方式，协调农村生态受益区与贡献区的关系，促进农村经济和谐发展与代际公平。

第三，有助于从生态资本投资的角度来寻求系统解决农业生态环境治理问题的路径和治本之策，对影响我国政府相关政策具有重要的现实意义。良好的生态环境是农村最大优势和宝贵财富。由于农业生态系统提供的生态服务大多数是间接的、不受管理的、不被重视的，往往被忽略。保护生态环境产生的生态溢出效应被他人无偿享用，这种生态溢出效应独立于市场机制之外，没有办法通过市场机制进行交易，导致农业生态溢出效应带来的环境物品或服务在市场上低价甚至是无价的情况，所以投资人无法通过货币的形式享受到保护生态环境所带来的好处。正是由于这种特性，生态保护区人民劳动所创造的农业生态产品不能像商品一样买卖，而应考虑其生态溢出价值。所以，政府需要对通过特定形式将外部经济内部化，让生态溢出价值进入生态产品的价值，让生态保护价值得到体现，保护生态区人民的发展权利。这有利于缓解生态产品有效需求不足、有效供给有限的矛盾。通过生态产品价值转换，努力实现区域脱贫、乡村振兴、生态保护三赢。促进生态产品价值转化，把绿水青山当作“第四产业”来经营，将生态环境保护、资源可持续利用和脱贫紧密结合，促进贫困地区人民步入“生态环境建设—摆脱贫困—生态系统功能提升—走向富裕”的良性循环，有效缓解“求富”与“求绿”的矛盾。

第二节　相关研究文献综述

很多经典理论从多个角度解释了农村生态资本投资的作用机理，具体理论如下。

(1) 生态学物物相关律和生态系统理论认为生态系统内各种事物之间存在相互联系、相互制约、相互依存的关系。改变其中一种事物，必然会对其他事物产生直接或者间接的影响。农业生态资本投资过程中，生态恢复建设、环境污染治理、生态技术研发等行为，改变了生态资本存量，必然会对农业生态系统的其他要素产生影响。

(2) 经济学的外部性理论与公共产品理论认为农业生态资本投资为全体社会成员提供了正效益，这种正效益会被第三方无偿享用，而且它一旦发生，就不可能把一些人排除在外，属于公共产品，这样势必会产生众多“搭便车”者，影响了生态资本投资者的积极性，会引发生态环境恶化问题。

(3) 生态经济学的生态资本论认为生态环境作为资源，与人力资本、金融资本和物质资本一样，也属于资本，它具有价值，其价值的大小受到资源稀缺程度和开发利用条件影响。在自然资本稀缺的时代，应当对自然资本进行再投资，增加自然资本存量，并形成一套自然资本服务价值评估理论，进而改善生态环境。

(4) 社会学利益公平理论认为农业生态投资者和受益者往往存在利益不一致的现象，有失公平，应当对农业生态资本投资的真实效益进行判断和识别，在此基础上对生态资本投资者进行一定程度的补偿，使这些损失控制在生态资本投资者和环境污染治理者所能够承受的范围之内。

融合多个学科探讨农业生态资本投资的外溢效应问题无论在国内学术界对于还是在国际学术界研究领域都比较少见。本书按照循序递进的方式，从四个方面梳理相关文献内容：①生态系统服务价值与可持续发展；②生态资本与生态资本投资理论研究；③农业生态资本投资的生态溢出研究；④增进生态资本投资生态溢出效应的路径优化研究。

一、生态系统服务与可持续发展

(一) 生态系统服务

20 世纪 40 年代以来，生态系统概念的提出及其发展，促进了人们对生态系统结构和功能的认识和了解，并为后来生态系统服务的深入研究奠定了科学基础。1970 年 Study of Critical Environmental Problems 首次使用了生态系统服务的概念，同时列举了生态系统对人类的环境服务功能，包括害虫控制、昆虫传粉、渔业、土壤形成、水土保持、气候调节、洪水控制、物质循环和大气组成；Hoder 和 Ehrlih(1974)、Westman(1977)先后研究了全球环境服务功能、自然服务功能，指出生物多样性的丧失直接影响生态系统服务功能。至此，生态系统服务功能概念产生，并逐渐为人们所公认，并得到普遍使用。

由于生态系统服务功能研究的历史较短，目前尚无统一且完整的概念。根据经济学和生态学的研究和界定，可以认为生态系统服务功能是指来自生态系统的物流、能流和信息流，代表人类从中获得的直接利益和间接利益，包括生态系统提供的各种产品和生态系统形成的维持生命系统的环境条件。

国内学者近几年普遍接受的生态系统服务分类是 Costanza 等在 1997 年对全球生态系统服务价值进行评估时提出的。他将全球生物圈分为远洋、海湾、海草/海藻、珊瑚礁、大陆架、热带森林、温带/北方森林、草原/牧场、潮汐带/红树林、沼泽/洪泛平原、湖泊/河流、沙漠、苔原、冰川/岩石、农田、城市 16 个生态系统类型，并将生态系统服务分为气体调节、气候调节、扰动调节、水调节、水供给、控制侵蚀和保持沉积物、土壤形成、养分循环、废物处理、传粉、生物控制、避难所、食物生产、原材料、基因资源、休闲、文化 17 个类型，列举了生态系统服务与生态系统功能之间的对应关系，认为二者之间不存在一一对应的关系，即生态系统服务可由两种或多种生态系统功能共同产生，而生态系统功能也可提供一种或多种生态系统服务。1992 年，Groot 提出将服务功能分为 4 类，即调节功能、承载功能、生产功能、信息功能。1993 年 Freeman 提出另一种四分法，即为经济系统输入原材料，维持生命系统，提供舒适性服务，以及分解、转移和容纳经济活动的副产品。以上研究是目前对生态系统服务的研究最有影响的结果，最近的研究均以此生态系统服务分类方法评估生态系统服务价值。我国一些学者也借鉴 Costanza 的分类方法提出了自身见解。南京大学杨丽等将生态系统服务分为 12 大类，包括太阳能的固定和转化、生物生产、调节气候及大气组成、调节物质循环、土壤形成与肥力的维持、涵养水源与控制侵蚀、环境净化与废物处理、传粉播种、生物控制、生物多样性的产生与维持、调节干扰、文化娱乐源泉。孙刚等将生态系统服务分为 9 大类，包括生物生产、调节物质循环、土壤的形成与保持、调节气象气候及气体组成、净化环境、生物多样性的维持、传粉播种、防灾减灾、社会文化源泉。李金昌(2002)等提出分为两类：物质功能和生态功能。

（二）生态系统服务与可持续发展的关系

人类的发展过程伴随着生态健康与经济发展间的矛盾。人类在长期追逐经济利益过程中忽略了生态保护与发展，以致全球生态系统和生物多样性都出现了衰退(Butchart and Scharleman，2010)。农业生态系统覆盖了地球表面28%～37%的土地(Bouteligier，2011)，是全球生态系统的重要组成部分。随着集约化农业不断发展，农产品的质量和数量都有显著的提高。然而，集约化农业生产方式却是原有的农业生态系统退化的主要驱动因素(Tilman，2001；Foley，2005)。如集约化、专业化的农业生产方式导致农作物布局单一，造成农业生态系统中寄主植物和生物种群结构单一，物种间相生相克和共生共荣的生态平衡与自然规律遭到破坏；大量农药、化肥、地膜的使用，短期内能提高农产品产量，但是却对农业生态系统造成极大的破坏。现代集约型农业的生产方式往往以农业生态资本的过度耗损和退化为代价，这种增长和发展模式往往以不可逆转的方式损耗农业生态资源，破坏农业生态环境，既对当代人类的福祉产生了损害，也对未来发展构成巨大风险和挑战。21世纪，现代农业发展的一大挑战是如何既满足人口迅速增长，又能将环境破坏和生物多样性损失降到最低(Didham，2015)。

1980年，国际自然保护联盟与联合国环境规划署以及世界野生生物基金会一同公布了《世界自然资源保护大纲》，首次提出了“可持续发展”一词，认为“必须研究自然的、社会的、生态的、经济的以及利用自然资源过程中的基本关系，以确保全球可持续发展”，但并未给出“可持续发展”的完整定义。1987年，世界环境与发展委员会发表的《我们共同的未来》报告，正式使用“可持续发展”的概念并给出了得到世界广泛认同的具体定义，认为“可持续发展是既满足当代人的需要，又不对后代人满足其需要的能力构成危害的发展”。随后，可持续发展作为一个全新的理论体系，受到世界各国学者的广泛关注。可持续发展理论强调在资源永续利用的前提下，实现生态平衡、经济增长、社会公平的综合效益与经济、社会、生态的协调发展。

从涉及的内容来看，可持续发展理论主要包含经济、生态、社会、技术等的可持续发展。经济可持续的基本观点在于经济增长不仅要追求速度，更要强调质量提升，要求改变传统上以“高投入、高消耗、高排放、高污染”为特征的生产和消费模式，大力推动更加绿色环保的生产和生活方式，以进一步提升经济质量。生态可持续的基本观点强调经济社会的发展必须考虑自然生态的承载力，要以节约资源和污染控制为基本路径，提高资源的利用效率，保护并改善自然生态环境。

因此，生态系统服务是可持续发展的基础，可持续发展必须要以生态系统的稳定、持续及良性循环为前提。生态系统的良性循环取决于生态资本存量，虽然生态系统可以自身修复，但生态资本存量的增加单纯依靠农业生态系统自身修复增值补充是远远不够的，必须依靠生态资本投资来增加生态资本存量。因此，生态资本投资是可以保持生态系统的自我净化能力和生态资本增值的可持续发展的一种重要方式。

二、生态资本与生态资本投资相关研究

（一）生态资本理论研究

1. 生态资本概念的辨析

由于研究视角和方法不同，国内外学者对自然资源资本的概念界定莫衷一是，各种表述多达数十种，国外学者较多使用自然资本、环境资本、生态资本称谓。自然资本的提出源自国家债务问题的讨论。Vogt(1967)认为自然资源的耗竭必然降低国家偿还债务的能力，所以自然资源实际上是国家发展的资本，可称为自然资本(natural capital)。戴利(1996)认为自然资本是能够在现在或未来提供有用的产品流或服务流的自然资源及环境资产的存量，如大洋中能为市场再生捕鱼流量的鱼群，能再生出伐木流量的现存森林，能产生原油流量的石油储量等。Costanza(1997)则认为生态资本是在一个时间点上的物资或信息的存量，每一种生态资本存量形式自主地或与其他生态资本存量一起产生一种服务流，这种服务流可以增进人类的福利。保罗·霍肯(2000)在《自然资本论：关于下一次工业革命》中阐述的核心思想，即把“自然”看作一种资本，认为“生命系统除了像木材、鱼类或食物一样是必不可少的物质源泉外，它们还具有更重要的提供服务的作用，而这种服务对于人类繁衍来说，远比不可再生的资源更为重要”。任何经济系统的健

康运转，都必须具备四种类型的资本：人力资本、金融资本、加工资本和自然资本。传统意义上的资本只包括前三种，而忽视第四种。这第四种形式的自然资本由自然资源、生命系统和生态系统组成，“既包括常见的为人类所利用的资源，如水、矿物、森林、鱼类、土壤、空气等，也包括草原、大平原、沼泽地、港湾、海洋、珊瑚礁、河岸走廊、苔原和雨林在内的生命系统”。《自然资本论：关于下一次工业革命》还提出了自然资本优化配置的四种主要战略，即增强自然资源的生产力、转向从生物学获得启示的生产模式、采取以解决办法为基础的经营模式、对自然资本进行再投资。

国内最早探讨生态资本的文献可以追溯到1997年刘思华发表于《经济研究》的《对可持续发展经济的理论思考》一文，他认为生态资本包括生态资源和生态环境两部分。刘思华将生态资本界定为一种有用的资源和环境存量。持类似观点的还有梁瑞驹等(1998)，他们认为生态资本是指生态系统中能够对经济增长做出贡献的所有生态因素的总和。黄兴文等(1999)将生态资产定义为“所有者对其实施生态所有权并且所有者可以从中获得经济利益的生态景观实体”。孙冬煜等(1999)认为生态资本是一种经济价值：根据是否具有人类劳动参与，将生态资本划分为纯生态资本和人造生态资本两种类型；根据满足人类需求的特点，将其划分为自然资源资本、自然环境资本。李萍等(2001)将环境资本按有无实物形态分为有形资本、无形资本，按物质与服务分为硬生态资本、软生态资本，进一步阐述有形资本可划分为水、土地、植被、矿石等山川地势，无形资本包括文化、法律、政治等。董捷(2003)将生态资本定义为自然资源流的存量，与国外学者Daily的定义大同小异。马兆良等(2017)认为自然资本是能够持续产生生态产品和服务流量的可再生自然生态存量，包括陆地生态系统(如森林、湿地、草原等生态系统)及海洋资源，但把不可再生的自然资源排除在外。

还有一类观点将生态资本界定为社会总资本的有机组成部分，是存在于自然界、可用于人类社会活动的自然资源资产，能够直接进入当前社会生产与再生产过程。范金等(2000)总结了国内2000年以前的生态资本研究综述，认为生态资本应该涵盖自然资源总量和环境的自净能力、资源及环境的被开发能力、生态系统为人类提供生存发展条件的服务能力和满足人类精神文化需求的系统能力四个方面。沈大军等(1998)认为生态资本包含自然资源、生态环境的自净能力、生态环境为人类提供的自然服务,这三类生态资本能够对经济增长产生正向效应。王海滨等(2008)将生态资本比作一个边界相对清晰的"生态—经济—社会"复合系统,相对于其他生态系统具有明显或特殊生态功能和服务功能优势的生态系统,包括环境质量要素存量、结构与过程、信息存量三部分。李兆亮等(2016)认为生态资本通过对人力资本积累和技术进步的作用拉动经济增长,从而实现生态环境与经济的协调发展。

2. 生态资本价值的确认、评估及核算

生态资本作为资本的一种类型,固然具有价值,但与物质资本和人力资本等传统资本相比,由于生态资本存在形式的多样性、作用范围的广泛性以及作用方式的复杂性,其价值取向必然具有多元性和复杂性。加之不同文化背景下不同学科的研究者的认识视角不同,关于生态资本价值的表现形式及表现层次就呈现出不同的判断。Krutilla 最早于 1967 年定义了自然环境价值,首次将"存在价值"引入主流经济学,认为生态资本的存在价值独立于它的使用价值,提出要考虑生态资本在当代和后代之间的公平分配,从而为生态资本价值的定性研究奠定了理论基础。Pearce(1990)在其专著《世界末日》中,将生态环境资源价值分为使用价值和非使用价值两大类。其中,前者包括直接使用价值和间接使用价值,后者包括选择使用价值和存在价值。同时,Pearce 和 Turner 还讨论了利用自然资本概念来测度可持续性的方法,并使用此指标分别对 18 个国家的可持续发展程度进行了综合评估。1997 年 Costanza 等生态经济学者将全球生态系统服务功能划分为 17 种,并分别进行赋值计算,测得全球生态系统每年可为人类提供约 33 万亿美元的生态服务价值。这一研究首次对全球生态资本的经济价值进行了确认和评估,虽然其计算结果引发了学术界的广泛争议,但其积极的作用是让人们认识到了生态资本的巨大经济价值。1999 年,美国总统科技顾问委员会(President's Council of Advisors on Science and Technology)发表了"Teaming With Life: Investing in Science to Understand and Use America's Living Capital"的长篇报告,详细分析了美国自然环境现状和质量、自然财富存量和流量、生态环境破坏程度以及由此引起的危害,并由此将美国自然资本价值划分为生物多样性的价值、物种多样性的价值、遗传多样性的价值、生态系统的服务价值和生物多样性的美学价值。保罗·霍肯(2000)在《自然资本论:关于下一次工业革命》中提出自然资本具有自然资源的生产力价值,并认为人们应当模仿生物学的生产模式对自然资本进行再投资。Daly(2001)在《超越增长:可持续发展的经济学》一书中,指出自然资本的价值表现在提供有用的产品流和服务流两个方面。Freeman(2002)将生态资本的价值划分为利用价值和非利用价值两个部分,并将评估方法分为直接观察法、间接观察法、直接假设法和间接假设法。在此基础上,Freeman 根据生态资本的不同价值系统地阐述了各种评估方法的模型和应用,从而奠定了生态资本价值评估方法体系的基本框架。

联合国于 2003 年推出了 *Handbook of National Accounting: Integrated Environment and Economic Accounting* 2003(简记为 SEEA)。这对构建各国的环境核算理论体系和指导各国的环境核算实践具有重要的指导作用。李金华(2009)按照 SEEA 的构架,设计出了中国环境经济核算体系(CSEEA)的范式。CSEEA 的理论基础是环境经济学、经济学、统计学的相关理论和方法;环境资源的存流量、资源消耗、自然灾害、环境成本、环境保护投入以及环境资产重新估价等是 CSEEA 的重要核算内容;账户、核算表、指标体系是 CSEEA 的主要核算工具。根据联合国全球 2015 年后可持续发展目标的行动议程,李晓西等(2014)根据人类发展指数(human development index,HDI)的优点,推陈出新,利用社会经济和生态环境的可持续发展两个着陆点,构建一个人类绿色发展指数(HGDI)体系,以食物能量、卫生基础设施、森林面积、二氧化碳排放量等 12 个因子,测算了世界上 123 个主要国家的绿色发展指数,呈现了世界自然资本发展能力。在具体的实践上,谢贵勇等(2018)系统地树立了森林资源定价的方法和机制,并在此基础上根据 DEA 模型计算分析了各省森林资源的开发利用效率,便于后续进一步研究森林资源资本化运作管理。

3. 农业生态资本的界定

农业生态资本是生态资本理论在农业领域的细化和应用,农业生态资本理念的提出为农业可持续发展提供了新的研究方向。国外农业生态资本相关的研究成果很少见到,而国内相关研究成果相对较为丰富,其中严立冬教授团队的研究成果最为出色。严立冬等(2009)认为农业生态资本以资源和生态服务的形式存在,农业生态资本数量以某一地区生态环境质量和生态价值综合评估作为参考,并考察了农业生态资本运营机制的构成要素和运营机理等问题。严立冬等(2009)从生态资本的基本概念着手,认为农业生态资本同样是经过自然和人为因素共同作用而形成的,是农业可持续发展的重要因素,并对农业生态资本的价值评估和定价模型进行了有益探讨。严立冬等(2011)采用多学科交叉分析的方法,探讨农业生态资本积累机制与相关政策,认为农业生态资本的积累是通过自然和人为积累的两重积累机制实现的,并提出了促进农业生态资本积累的政策。邓远建(2012)从农业生态资本安全运营的角度,基于生态原理分析农业生态资本安全运营应该遵循生态位原理、食物链原理等,并提出应该健全农业生态补偿机制。邓远建等(2014)提出可以通过农业生态资本运营来发展生态农业,而且农业生态资本运营的模式主要有益贫式农业生态资本运营、循环农业生态资本运营和低碳农业生态资本运营三种模式。屈志光等(2014)采用 SBM-DEA 模型对中国各省份农业生态资本效率进行了测度,并对影响农业生态资本效率的因素进行分析。陈光炬(2014)从现代农业、农业现代化的重点和任务出发,研究分析了农业生态资本运营的内涵、运营的条件以及运营过程,认为生态化发展是世界农业发展的趋势。严立冬等(2015)运用生态经济学基本原理对农业生态资本运营收益持续量问题进行探讨,认为农业生态资本运营收益的持续量处于动态变化中,而遵循生态规律是获取该收益的前提,并对收益持续量的最优控制等问题进行探讨。邓远建等(2015)对生态脆弱区农业生态资本运营的安全调控机理进行分析,测算贵州省农业生态资本运营安全的系统协调率和综合协调度,认为农业生态资本运营安全呈现阶段性动态变化特征。

(二) 生态资本投资理论研究

早期的投资理论强调,将资本投放于必需的机器、厂房、基础设施,可以增加收入。这种主张后来发展为技术投资将以更少的投入换取更多的产出。事实上,投资的现代实践正在修正这套模型的重大不足。在生态环境相对优越的国家和地区,这套模型似乎还是可行的,而对于生态环境脆弱的地方,该模型则是有害的。例如,高技术带来的绿色革命,便削弱了农业生态环境对灾害(病虫害、气候变化等)冲击的恢复弹性。正是在这种背景下,生态资本投资开始成为学者们关注的议题。

1. 生态资本投资理论发展研究

生态资本逐渐取代人造资本而成为生产的限制要素,从而使得生态资本投资成为必要。然而,生态资本投资研究在国内外都非常少。1992 年在斯德哥尔摩会议上,一些生态经济学者就自然资本投资问题进行了专题讨论,并就自然资本投资在可持续发展实践中的可操作性、地球的承载力、自然资本的可持续使用、生物多样性与自然资本以及自然资本的价值评估等进行了探讨,介绍了自然资本研究的生态经济方法和分析案例的进展,提出了自然资本的经济、技术、社会、政治和文化等方面的投资管理和政策措施。Terry L. Anderson 和 Donald R. Leal 于 2020 年出版的 *Enviro-Capitalists: Doing Good While Doing Well* 一书,是目前生态资本投资研究领域为数不多的学术专著之一。该书用大量案例说明在 20 世纪初环保企业家开始出现的几十年中,环保企业家依靠个人、企业、社团和地方政府的力量,通过商业手段拯救野生动物、保护自然风景、改善水质等,在投身环境保护的同时创造了可观的利润。

国外与生态资本投资相关的研究文献主要涵盖生态建设支出、环境污染治理等方面。美国经济学家瓦希里·里昂惕夫(Wassily Leontief)从宏观上定量分析了环境保护与经济发展之间的关系,并认为,在产品成本中,除了原材料消耗和劳动力消耗外,还应包括处理污染的费用。经济合作与发展组织(Organization for Economic Co-operation and Development,OECD)在对其成员国(奥地利、芬兰、法国、荷兰、挪威、美国等)的环保支出对国民生产总值(gross national product,GNP)的实际影响进行研究后发现,环保支出对 GNP 的实际影响并不十分确定,所有环保计划在第一年总是有利于 GNP 增长的,而在最后一年其影响则较为复杂,正负影响在不同的国家都有表现。但从整体上看,环保投资的负影响都小于 1% 的 GNP 水平。日本因环境污染严重而被称为“公害列岛”，环境污染治理也成了该国学术界的研究热点。建元正弘(1970)利用投入—产出模型分析了日本23个产业部门在空气污染消除活动中价格的提高率，并找出了空气污染消除率为100%时，产品价格提高率不超过3%的五个部门：服务业、农林水产业、商业、金融保险业、不动产业。新饭田宏(1990)则将污染治理部门引入投入—产出模型，研究了环保投资对经济总产出的影响。然而，生态资本毕竟不同于人造资本，对生态资本进行投资的含义也应该做另一番解释。Daly(1994，1996)指出，对于生态资本来说，“投资”就是指“等待”或克制目前的消费。然而这样的解释更适合不可再生资源的生态资本，而不适合可再生资源的生态资本问题。Groot(1994)从分析环境的功能与生态资本经济价值的角度，考察了对生态资本进行的投资，指出明确生态资本的经济价值是对其进行投资的前提。Berkes 和 Folke(1998)提出了文化资本(cultural capital)的概念，认为生态资本投资有赖于对文化资本的投资。

国内从生态资本的视角研究生态资本投资问题的文献，则是最近几年才逐渐出现的。武晓明等(2005)通过对生态资本投资、生态资本价值评估与积累途径进行研究，得出以下结论：①生态资本体现在生态环境功能上，表现为生态功能、环境功能与资源价值；②从经济发展的角度看，生态资本是稀缺的，特别是在生态环境状况不佳的地区更为稀缺；③生态资本是通过自然因素和人为投资双重作用形成的资本，从这个意义上来说，生态建设投入是生产型支出；④与物质资本一样，对生态资本进行投资也应该获得回报，并且其回报分为私人获得和公共获得两大类，随着全球生态环境环境的普遍恶化，生态资本的经济价值将逐渐提高；⑤生态资本是有意识投资的产物，自然存量可以对投资的效率产生影响，但不能取代这种人为投资，生态资本存量的增加主要还应当通过投资方式来进行。朱洪革(2007)以森林资源作为研究对象，认为生态资本的投资不同于人造资本投资，生态资本投资主要基于生态意义的收益，森林生态资本投资中主要采用短线投资与长线投资两种方式，其中短线投资的对策是将直接投资和间接投资分别由不同的工程来承担；而长线投资的对策是引入生态购买。蔡中华等(2008)通过在内生经济增长模型中引入生态资本，构建了一个内含生态资本的“生态—

经济”系统模型,研究结果显示,只有在一定条件下(如合适的绿色技术水平和环境治理投资比例),整个“生态—经济”系统才能长期稳定。严立冬等(2013)指出我国经济社会处于转型期,生态资本相对匮乏,应该通过生态资本投资增加生态资本存量和供给,且生态资本投资主要有建设式、替代式、获偿式、储蓄式和调动式五种方式。严立冬等(2013)首次对生态资本投资的概念进行界定,认为生态资本投资是指通过一系列有目的、有计划的生态恢复建设、环境污染治理、生态技术研发等活动,对特定范围内的生态资源进行一定的(货币或实物)投入,并经过与开发对象的有机结合,使生态资源质量及数量指标均有所改善,并且这种改善最终反映在生态资本存量增加上的投资行为。刘加林(2015)阐述国内外生态资本投资理论发展状况后,分析生态资本投资机制存在的问题,提出生态资本投资机制的创新策略。

2. 农业生态资本投资的相关研究

农业生态资本投资是生态资本投资在农业领域的具体实践,从生态资本投资的视角来研究农业生产过程,既是对传统资本及其运营理论的突破和拓展,又是对农业生产方式的革命与创新,毫无疑问是一种开创性研究。但这种开创性研究是基于理论课题的确立而言的,相对于农业生产的实践历程来说却是一个历史悠久的古老话题,由于农业活动是人类最古老的生产活动,农业生态系统与自然生态系统有着天然的耦合性,农业自然生产过程的实质就是生态环境和生态资源的投入、转化、产出、收益的过程,可以说是一种天然和自发的生态资本投资过程。大量农学著述中均有详细研究。相近领域的类似研究主要体现在环境经济学、资源经济学和生态工程学方面,只不过由于研究方法和侧重点的不同而没有明确提出生态资本投资的概念。21 世纪初,农业生态经济学者开始系统研究农业生态资本与农业经济增长的关系,正式提出了农业生态资本投资的问题,农业生态资本投资的理论研究由此兴起。董捷(2003)研究了自然资本退化对农业的影响,提出了加大自然资本投入是实现农业可持续发展的必然选择,并初步提出了加大自然资本投入的措施和途径。周淑景(2007)分析农业发展中自然资本的结构矛盾后,认为自然资本是农业发展的基础,要持续实现农业增长,必须要加大自然资本投资。严立冬等(2009)探讨了农业生态资本的概念、价值和功能，并运用生产函数建立了农业生态资本的价值评估模型，为进一步研究农业生态资本投资提供了初步思路。

三、农业生态资本投资生态溢出相关研究

从国内的研究和实践来看，农业生态资本投资外溢效应的研究和实践比较少。现有文献大部分是围绕着农业生产、经营、投资过程中的负外部效应开展研究的，主要是因为农业的外部经济并没有农业外部不经济所带来的恶果给人的印象深刻，甚至常常被有意或无意地忽略。

（一）生态资本投资生态溢出的相关研究

1. 生态资本投资生态溢出内涵研究

“生态资本”的理念提出较晚，尽管直接以“生态资本投资”为关键词的研究文献十分稀少，但是早在1992年，张坤民已经指出环境保护支出的性质是一种“投资”而非“消费”。环境保护支出的“投资说”认为，环境保护支出是为了增加未来的经济发展能力和人类福利，社会各有关投资主体从社会积累基金和各种补偿基金以及消费基金中拿出一定数量的资金，以货币、机器、设备等实物形态投入环境保护的各项活动（治理污染、保护生态、管理、科研等）中，其最终目的是实现生态资本存量的增加。国外涉及环境治理的外部性探讨，成果相对比较多。Sigman等（2002）通过比较跨国河流和国内河流的污染水平发现，如果国家选择“搭便车”，环境治理的外溢效应就会降低环境质量，也就是说，“搭便车”极大地增加了跨国河流的污染水平，但估计结果对相关国家的数量很敏感。在2005年，Sigman又进一步改善了识别策略以分析美国州际之间清洁水法的外溢性。Galdeano-Gómez（2008）等使用空间面板方法研究了西班牙园艺生产部门环境投资与空间溢出效应。Costantini（2013）等用带环境账户的国民收入和生产核算矩阵研究了意大利环境绩效的空间溢出效应。Hosseini和Kaneko（2013）研究了环境质量通过制度相似性在国家之间的溢出效应。以上结论均认为环境污染或治理存在的溢出效应（外部性）是导致区域治污投入不足的重要原因。

关于环境治理的生态溢出主要集中在污染溢出和环境规制的空间溢出

两方面，国内的学者所用的指标主要是环境污染投资、排污收费、污染物排放三类，但关于环境投资空间溢出方面的研究并不多见。运用的方法主要是空间计量模型，如Durbin模型、全要素生产率模型等。张可和汪东芳(2014)深入解析了经济集聚与环境污染的空间溢出和相互作用机制。唐李伟和胡宗义(2016)将资本存量分为国内资本存量和国外资本存量，基于Biennial Malmquist生产率指数对考虑环境消耗的中国1998—2011年间的经济增长源泉进行了分解研究。陈真玲(2016)采用超效率DEA和空间计量的方法对中国2003—2012年30个省份的生态效率进行测算，并对生态效率和城镇化的关系进行了实证分析。研究表明，城镇化与生态效率呈现较强的负相关，排污费的征收对改善环境质量并没有起到明显的作用。王铭利(2016)基于中国2000—2014年各省市的面板数据，采用状态空间模型分析了经济增长与环境污染之间的动态相关关系。方时姣和肖权(2019)运用超效率DEA和空间计量方法研究了中国2005—2016年区域生态福利绩效水平及其空间效应，发现能源结构对本地区生态福利绩效水平具有负向作用，对其他地区则表现为正向作用，城镇化水平、产业结构因素无论是直接效应还是间接效应都对生态福利绩效水平具有抑制作用。外商直接投资不仅能促进本地区生态福利绩效水平，对其他地区也具有提升作用，并且间接影响明显高于对本地区的直接影响，“污染天堂”的假说不一定成立。

2. 生态资本投资生态溢出效应研究

现有文献对生态资本投资产生的环境溢出效应相关研究并未达成共识，主要形成了两种观点。①生态资本投资产生明显的正向生态溢出效应。原因是生态资本投资可以直接作用于生态环境，增加生态资本存量，提高生态系统质量。同时，生态资本可以作为生产要素进入生产过程，降低污染水平和资源消耗水平，改善产业结构，提高经济发展质量，为生态治理提供经济基础，间接改善生态环境。OECD(2004)研究报告指出政府对环保方面的生态资本投资具有保护环境资源、治理环境污染的功能。Fischer和Newell(2008)评估了美国在减少二氧化碳排放和促进可再生能源的不同政策选择，发现税收和财政补贴这两项环境政策能够改善环境质量。López和Galinato(2011)通过建立生态资本投资与环境治理的一般均衡模型，实证研究的结果认为在生态资本投资过程中要加大对扩大公共产品的重视，特别是绿色倡议、环保教育、卫生和医疗。张玉(2016)运用物质流分析方法，构建省级面板数据模型，考察我国政府主导的生态资本投资的环境治理效应。研究结果表明，我国政府主导的生态资本投资环境治理效应明显，而其他的环境治理手段，如排污费和环境类税收的环境治理效应不明显。朱小会(2017)测算中国工业二氧化硫排放强度具有空间外溢性，地方政府生态资本投资对工业二氧化硫的治理具有空间溢出效应，地方政府生态资本投资的增加将有助于降低临近地区工业二氧化硫排放强度。

②生态资本投资产生的正向生态溢出效应不明显，甚至会产生负向生态溢出效应。原因是生态资本投资周期长，公益性强，同对农业生产性资金产生挤出效应，再加上现有的生态资本投资大多数以政府为主导，区域性很强，但是生态具有集中连片性，溢出效应比较明显，使得本地区生态投资效益不高。Wang 等(2012)通过实证研究发现，政府的环境基础设施建设投资具有收益外溢的正外部性，而这正是造成地方环境保护积极性不高的根本原因。Halkos 等(2013)发现在低收入水平的国家，公共生态资本投资对环境污染表现为负的间接效应，即随着收入水平的提高，政府生态资本投资对环境的间接效应为负，导致环境污染加剧。冯海波和方元子(2014)研究公共生态资本投资财政支出与环境质量的关系，发现地方政府生态资本投资的财政支出对环境治理的正向直接效应较小且不显著，以间接影响效应为主，中国绝大部分城市的地方政府生态资本投资财政支出的净环境效应为负。范纯增等(2016)研究了 2011—2013 年大气污染物治理投入、排放和去除数据，发现工业废气治理效率较低，大气污染物治理投入冗余与去除不足并存。

3. 生态资本投资生态溢出价值的测度研究

国内外鲜有学者测算生态资本投资的生态溢出价值，大多数生态溢出研究都是围绕生态服务价值评估展开的，但尚未形成统一的评估方法。Costanza 等(1997)对生态系统服务价值的定量评估起到了划时代的作用，将生态系统服务价值的研究推向高潮。此后国内学者开始广泛定量评估生态系统服务价值，主要采用市场化评估法、显示偏好法和状态偏好法三类方法，其中市场化评估法包括市场价值法、机会成本法、生产成本法、收入因子法（李文华，2008）等，如肖强等（2014）采用市场价值法和生产成本法定量评估重庆市森林生态系统服务功能价值，得到总生态服务价值为 2579.91 亿元。虽然这类方法的估值相对准确，但容易受到市场不完全和政府干预导致市场价格扭曲的影响，还容易出现重复估算的问题。显示偏好法包括旅行成本法和内涵价格法，如杨怀宇等（2011）利用旅行成本法评估池塘养殖的娱乐休憩服务价值，得到总娱乐价值为 1.90 亿元。但这类方法对消费者行为有严格的假定，评估有严格的假定，评估结果对选用的统计方法非常敏感。状态偏好法包括条件价值法和选择实验法，其中又以条件价值法的应用最为广泛和成熟，如俞玥与何秉宇（2012）采用条件价值法对新疆天池湿地的生态服务功能非使用价值进行估算。伏润民等（2015）基于拓展的能值模型，根据生态溢出价值补偿构建了生态功能区财政转移支付资金补偿体系。该研究以全国 31 个省区和云南省 129 个县市为案例，对生态功能区财政转移支付资金分配进行实证测算。王奕淇（2016）基于能值拓展的流域生态溢出价值计量模型，从能量投入和能级转化的角度，以能值的形式反映流域客观存在的社会、经济和生态的功能服务价值，利用能值分析法测算流域生态系统服务能值，利用水足迹法确定流域自身消费的生态能值，通过比较流域生态系统服务能值和流域生态能值自身消费情况，判断流域的生态盈亏状态，并进一步利用能值-货币比率将生态溢出能值转化为生态溢出价值，得到相对客观和稳健的补偿标准。王显金（2017）综合利用能值分析法、生态足迹法等生态经济学方法，结合 Shannon-Wiener 指数和生态消费系数构建了沿海滩涂围垦生态补偿能值拓展模型以测算滩涂在各时期的生态溢出价值，并以生态溢出价值改变量作为滩涂围垦生态损害的衡量标准，且以此为生态补偿依据，在生态价值系数调整法的基础上建立了沿海滩涂围垦生态补偿标准。从国内外学者的研究可以看出，生态溢出价值核算的最终目的是精确计算出生态补偿标准。

（二）农业生态资本投资生态溢出相关研究

1. 农业生态资本投资生态溢出内涵研究

尽管直接以“农业生态资本投资”为关键词的研究文献十分稀少，但是在农业生态治理、农业生态修复和农业生态保育等领域，研究的内容和成果都是比较丰富的，但是涉及农业生态资本投资生态溢出效应的研究就非常少了。从现有研究成果来看，学者们基本上认为农业生态资本投资会产生生态溢出，而这种外溢效应会使得农村生态环境治理更加复杂。李建琴(2006)认为农村环境的公共产品特性、强外部效应及公有产权属性，使每个人都想不付费、不出力就享受环境治理带来的好处，因此，农村环境治理中存在着严重的市场失灵。由企业或居民个人共同治理农村环境，往往陷入“囚徒困境”，反而使农村环境不断恶化。因此，中国农村环境的治理主要应由政府来倡导并加以实施。高海清(2010)认为，无论是政府管制还是市场激励都未能很好地解决环境问题，环境治理必须引进其他治理主体，通过应用制度经济学原理、环境经济学原理分析了“社区”治理相对于政府治理有激励优势，相对于市场治理有产权划分成本优势，并提出依靠社会力量和非正式制度的创新等措施来治理社区环境，推动公众生态偏好建设。金书秦等(2020)认为农业具有先天弱质性，农业生产与生态环境具有天然一致性，且我国农业生态环境问题具有双重外部性和历史滞后性，在构建现代化农业生态环境治理体系的过程中，需要处理好五组关系：生态治理与乡村振兴的关系；农业短期保供给和长期可持续的关系；农业生态环境问题日益复杂和机构弱化的关系；目标过度量化和支撑信息不足的关系；农业源治理和工业源治理的关系。

2. 农业生态资本投资生态溢出效应研究

从现有文献来看，农业生态资本投资生态溢出主要有直接溢出和间接溢出。

直接溢出是指农业生态资本投资的具体措施，比如生态修复、生态补偿和生态保护等可以直接作用于农村生态，提高农村生态系统质量。Whitmire(2005)研究发现农业流域的湿地和溪流可以滤出硝酸盐，防止其对下游生态系统造成危害。陈亚娟(2018)认为通过自然林保护和退耕还林还草两大行动进行生态投资，能够促进两大生态体系服务：①调节服务(特别是授粉、生物病虫害控制)的交付是将农业景观服务之间权衡关系转化为协同关系的关键所在；②支持服务(特别是维持半自然栖息地)的交付可以促进农业景观交付多种服务。欧阳芳和王丽娜(2019)根据2015年主要农作物产量、作物产品价格、昆虫授粉依赖程度等数据，计算得出昆虫对我国22类主要农作物的授粉功能量为1.8亿吨农产品产量，授粉服务价值达8860.5亿元(占当年GDP的1.3%)。

间接溢出是指农业生态资本作为生产要素进入农业生产的过程。间接溢出一方面提高了农业生产的质量，降低污染水平和资源消耗水平，另一方面通过提高农业经济发展，为农村生态治理提供经济基础，间接改善农村生态。胡明(2012)的研究表明，随着水土保持的财政投入加大，安塞区水土流失治理成绩显著，而水土保持有利于改善农业生态环境，促进农业和农村经济发展，减少农村贫困的发生。谭灵芝等(2018)分析气候投入与农户收入的关系后，认为农户越贫困，对农业和畜牧业的依赖程度越高，而气候投资能增加农户收入。可见，农业生态资本投资的生态溢出效应不仅有着显著的生态价值，同时还有社会价值和经济价值。杜明义(2016)以四川甘孜藏族自治州为例，认为对生态脆弱的农村地区应加大生态资本投资，提高生态资本水平和生态资本经营水平，提高生态产品附加值，增加生态资本收益，形成生态型经济发展模式，从而促进其经济社会整体发展。

3. 农业生态资本投资生态溢出效应的测度研究

现有文献涉及农业生态资本投资生态溢出效应测度的研究比较少。郭鹤群和王玉华(2013)从农村工业的空间组织演变与区域资源环境效应之间的因果关系、区域分异现象的研究出发，梳理了国内外农村资源环境效应研究现状，并提出各地区的农村工业及城镇化发展程度，从宏观层面对全国各省市的农村资源环境效应进行整体分析比较，并选取典型地区的典型企业从微观层面进行分析，完善企业、部门、区域、国家等不同空间尺度的研究系统。黄英等(2015)基于2011年省际面板数据运用超效率DEA模型分析当前各地农村经济发展水平下区域间农村生态环境治理效率的异质性变化，结果表明上海、天津、广东等5地农村区域属于“效率高-经济强”型地区，即具有较强的外溢效应，四川、广西、陕西等6地农村区域属于“效率低-经济弱”型地区，即具有较弱的外溢效应。东、西、中部地区在农村生态环境治理效率上存在一定程度的差异。张可等(2017)采用多变量离散灰色模型构建减排量测度方法对农村各类水环境治理措施的减排效果进行实证研究，结果表明农村水环境管理政策存在一定的空间聚集特征，即存在溢出效应。

四、相关研究评述

综上所述，农业生态资本投资外溢效应研究仍是一个全新的研究课题。虽然起步较晚，但初步呈现出农业经济学、金融学、管理学、福利经济学等社会科学与相关自然科学交叉的研究格局。总体看来，目前研究还处于初步探索阶段，归纳起来，其研究格局大致如下。

（一）生态资本理论成果丰富，但存在争议

生态资本理论研究成果丰富，目前主要集中在两大方面：一是生态资本理论内容的发展和丰富；二是生态资本理论的应用和扩展。具体来说，就生态资本理论内容而言，目前生态资本理论的研究主要集中在生态资本概念界定、生态资本价值衡量、生态资本功能识别、生态资本属性分析、生态资本投资和生态资本运营等方面，研究成果相对丰富。就生态资本理论的应用和扩展方面而言，主要集中在生态资本理论在具体产业中的应用：农业生态资本理论研究、海洋生态资本理论研究、森林生态资本理论研究和草原生态资本理论研究等；生态资本与经济增长关系研究、生态资本理论与社会可持续发展研究、生态资本理论与社会科学发展研究等。虽然关于生态资本及其理论的延伸和扩展成果丰富，但是由于这些研究成果具有多学科交叉性、复杂性和边缘性，不同学科研究方法迥异，研究视角和研究重点不同，研究结论呈现多元化，难以形成统一观点。从生态资本及其相关理论发展的过程可以看出，生态资本投资及其对经济、社会和生态的影响研究将是生态资本理论发展的重要方向之一。生态资本理论发展仍然任重道远。

（二）农业生态资本投资的研究正在全面展开

农业生态资本投资研究广度与深度逐步得到延伸。研究范式由规范研究向实证研究逐步拓展，从最开始的内涵、概念、价值取向研究，逐步向农业生态资本价值估算、农业生态资本运营效率测度等定量研究迈进。研究尺度逐渐聚焦，从现有研究成果看，关于农业生态资本投资的研究主要集中在

农业可持续发展与农业生态资本或自然资本投资的方面，且国内外研究成果很少。农业生态资本投资是生态资本投资理论在农业领域的应用和发展，关于生态资本投资的研究成果相对较为丰富，可以为农业生态资本投资理论的发展提供一定的参考。具体而言，生态资本投资理论的研究重点在分析生态资本投资与经济增长、环境保护、社会可持续发展关系方面，研究生态资本投资与产业结构优化调整、经济发展方式转型升级甚至生态文明建设等方面。整体上，生态资本投资研究尚处于初步探索期，生态资本投资研究虽然通过实证在企业层面、产业层面以及国家宏观层面取得一定研究成果，但生态资本投资缺乏权威、统一和一致认同的概念和衡量方法，因此生态资本投资更多的是一种理念倡导。从生态资本投资研究脉络看，生态资本投资以及生态资本投资在具体产业中的应用，比如农业生态资本投资及其对经济、社会等指标的影响研究将是研究的重点、难点，同时也是研究的重要方向之一。

（三）农业生态资本投资生态溢出效应还较少涉及

国内外的现有文献虽然在揭示农业生态资本投资外溢的特征及原因方面做出了较好的尝试性探索，但总体而言尚不够全面和深入，忽略了一些重要问题，如农业生态资本投资的内涵与主要方式是什么？农业生态资本投资外溢价值如何核算？农业生态资本投资与生态溢出的关系如何？农业生态资本投资生态溢出的影响因素有哪些？或者说，农业生态资本投资生态溢出能力的影响因素有哪些？农业生态资本投资生态溢出的形成机理与实现路径是怎样的？提升农业生态资本投资外溢效应的政策有哪些？这些关键问题的解答，显然对于农业生态资本投资生态溢出研究具有重要意义。

然而，农业生态资本投资生态溢出效应研究毕竟是一个比较新颖的研究课题，学界基本上近年来才开始关注，目前还侧重于概念的移植和基础条件的分析，相关研究文献大多从农业生态建设、农业环保投资、农业生态创新等角度开始探索。但可以预判的是，农业生态资本投资生态溢出是农业生态资本投资行为的重要激励手段，相对于农业生态资本投资实践的快速发展，农业生态资本投资生态溢出效应的理论研究亟须加强。总之，深化农业生态资本投资研究的趋势是分解农业生态资本的不同类型并具体展开，重点是农业生态资本投资生态溢出效应的形成机理与实现路径，难点是农业生态资本投资生态溢出效应的影响因素，而这些也正是本研究力图解决的关键问题。

第三节　研究思路与方法

一、研究思路

本研究的主要思路如下。首先对生态资本、农业生态资本投资的理论研究成果进行了系统的梳理，并对核心概念和重要的理论进行回顾和总结，构建本文的理论研究框架。在此基础上分析了中国各个省份农业生态资本投资的现状，并对农业生态资本投资水平进行测度，运用空间经济学理论探讨了农业生态资本投资的时序趋势和空间分布格局及差异，总结中国农业生态资本投资水平的时空分异特征。再次，从空间视角对农业生态资本投资的影响因素进行理论和实证分析。最后，基于理论分析和实证结论，结合国内外农业生态资本投资经验，针对如何提升中国农业生态资本投资水平、促进农业绿色发展提出可行性的政策建议。

二、研究方法

本书通过生态经济学、投资学以及制度经济学等多学科基础理论交叉运用、相互支撑，在梳理大量文献资料和社会实践调查的基础上，从理论、实践、制度创新以及政策措施等层面，围绕农业生态资本投资的时空分异和影响因素这一主线展开多方面研究，所用到的研究方法如下。

（一）文献研究法

文献研究法主要指搜集、鉴别、整理文献，并通过对文献的研究形成对事实的科学认识的方法。本书第一章主要将此方法用于为农业生态资本投资生态溢出效应寻找理论基础。第二章、第三章主要用于为农业生态资本投资生态溢出的作用机理和影响因素提供逻辑基础。第四章和第五章主要用于科学筛选出农业生态资本投资效率测度的投入与产出指标体系以及空间外溢效应影响因素的分解指标，同时为实证研究提供理论支撑。第六章主要在于科学把握当前我国农业生态资本投资的实践探索现状，提出增进生态溢出的政策导向与制度安排。第七章提出促进农业生态资本投资水平提升的对策。

（二）理论演绎与案例比较相结合的研究方法

本书的理论演绎是在一个集生态资本投资、经济增长和投资收益等多种因素于一体的理论框架下进行的。导论和第一章通过对研究背景、文献综述、理论基础做系统性归纳分析，提出“农业生态资本投资的生态溢出”问题，形成农业生态资本投资生态溢出效应的整体思维。农业生态资本投资的实践探索在现实经济中具有诸多雏形，通过典型案例分析的方式，探讨生态资本投资现状，对于生态资本投资收益研究很有必要。

（三）定性分析与定量分析相结合的研究方法

本书根据数理经济模型的基本思想，在农业生态资本投资生态溢出的作用机理及影响因素的研究过程中，多采用定性分析法，通过比较农业生态资本投资以及生态建设、环保投资等，初步构建农业生态资本投资生态溢出的评价体系；并借助 Stata 16 软件与 Matlab 2019b 软件，科学地测度农业生态资本投资的生态溢出效应可以避免各地区的“搭便车”行为，并有助于解决农业生态资本投资不足的问题。

第四节　研究内容与创新点

一、研究内容

（一）农业生态资本投资生态溢出的核心概念界定、必要性和可行性分析、现实困境与成因分析

（1）核心概念界定：比较分析农业生态资本投资、农业生态资本投资生态溢出和农业生态治理等国内外理论和实践。

(2) 必要性和可行性分析:从现实背景和理论层面揭示现阶段研究农村生态资本投资的必要性和可行性。

(3) 现实困境与成因分析:从市场失灵、政府失效、社会缺失多角度分析农业生态资本投资中可能存在的现实困境及成因。

(二) 农业生态资本投资生态溢出效应的作用机理和生态溢出效应

(1) 作用机理。以基于多方主体、突出溢出方的农业生态资本投资生态溢出动力机制分析为基础,从传导介质(生态系统服务的空间流转性)、传导渠道(直接传导渠道和间接传导渠道)、路径依赖(外部经济内部化)、传导机理(生态治理、生态修复、生态保育、生态偏好培育)四个角度出发分析农业生态资本投资生态溢出系统内部要素之间的驱动原理以及整个系统带来现实利益的作用过程。

(2) 生态溢出效应。在总结分析农业生态资本投资生态溢出动力机制和溢出系统内部要素之间相互驱动原理的基础上,结合农业生态资本投资生态溢出的经济学特征,系统地对气候调节效应、环境净化效应、水源涵养效应、洪水调蓄效应、土壤保持效应、生境提供效应进行深入分析。

(三) 农业生态资本投资生态溢出效应的影响因素

本书在确立农业生态资本投资生态溢出的主体和客体的前提下,归纳分析了生态资本投资生态溢出效应的影响条件。其中,认知条件是生态溢出价值评估,前提条件是生态资本产权界定,支持条件是环境保护力度,实现条件是外部经济内部化,保障条件是政策保障,并从需求因素(公众的生态偏好)、供给因素(生态承载力、生态资本投资效率等)、制度因素(财税引导、金融支持、权益补偿、价格激励)、外部因素(生态技术、生态产业、生态市场等)四个角度分析农业生态资本投资生态溢出效应的影响因素。

(四) 农业生态资本投资生态溢出效应的实证分析

科学地测度农业生态资本投资的生态溢出效应可以避免各地区的“搭便车”行为,并有助于解决农业生态资本投资不足的问题。本研究拟建立中国 30 个省市 1999—2018 年的面板数据,用实证法研究农业生态资本投资的空间溢出效应，基于空间环境库兹涅茨曲线理论探讨经济发展约束下农业生态资本投资对农业生态环境的空间效应作用机理，采用探索性空间分析工具、经典最小二乘估计（OLS）、空间滞后模型（SLM）、空间误差模型（SEM）和空间杜宾—可拓展随机性环境影响评估模型（Spatial Durbin-STIRPAT Models），探索农业生态资本投资与农业生态环境污染的空间格局和空间溢出效应。

（五）促进农业生态资本投资主动溢出的政策设计研究

本书从基本思路、基本原则、主要目标、设计思路、保障措施等方面构建农业生态资本投资生态溢出的政策机制。

二、创新点

本研究的创新点主要有以下几个方面。

第一，本书从“农业生态资本投资生态溢出”的视角展开研究，在选题上具有一定的挑战性与原创性。农业生态资本投资是通过一系列有目的、有计划的农业生态恢复建设、农村环境污染治理、农业生态技术研发等活动，对特定范围内的农业生态资源进行一定的投入，并经过与开发对象的有机结合，使农业生态资源质量及数量指标均有所改善，并且这种改善最终反映在农业生态资本存量增加上的投资行为。农业生态建设、农村环境保护并不是消极的生态维护行为，而是一种积极主动的生产性投资。本书是生态资本理论、资本投资理论、公共品理论、外部性理论和农业经济学交叉融合研究范式的有益尝试，有可能引发资本、资本投资外部性的深层变革。

第二，本书从“投资”角度，而不是“投入”的角度来研究农村生态环境的治理问题，在研究角度上为农村生态环境治理提供了一个新思路。农业生态资本投资从本质上说是一种农业生态资本产权投资，它之所以在实践中具有较强的吸引力，是因为投资所获得的产权能够带来收益。因此，从理论上来说，农业生态资本投资对私人和企业更具有吸引力。然而实际情况是，农业生态资本投资最大的问题是生态溢出被动溢出，农业生态资本投资所创造的生态效益无法计入投资者收益，导致私人和企业对农业生态投资的积极性不高，农业生态资本投资的持续动力不足。因此，研究农业生态资本投资问题必须解决生态溢出这一难题，否则农业生态资本投资的主体只是政府。但是单纯依靠政府的财政支持是不够的，一方面资金支持力度远远不够，另一方面政府治理效率低下。基于上述讨论可以看出，解决生态溢出问题是农业生态资本投资过程中最为关键的环节。本书从公共品和外部性理论的产权解释出发，阐述了农业生态资本投资生态溢出的界定思路，指出了农业生态资本外溢主动溢出的制度保障，包括农业生态资本投资价值核算制度、农业生态资本投资产权交易制度、农业生态资本投资权益补偿制度、农业生态资本投资基金保险制度、农业生态资本投资组织保障制度、农业生态资本投资技术支持制度等。研究成果能够为缓解我国农村经济社会可持续发展面临的资源环境约束提供参考。

第三，本书在研究思路上具有较好的理论逻辑性。本书以基于多方主体、突出溢出方的农业生态资本投资生态溢出动力机制分析为基础，从传导介质、传导渠道、路径依赖、传导机理四个角度分析农业生态资本投资生态溢出系统内部要素之间的驱动原理以及整个系统带来现实利益的作用过程。在此基础上归纳了农业生态资本投资外溢效应的影响条件，重点探讨了生态资本投资收益的形成机理、影响因素与制度创新。本书在研究思路上具有较好的理论逻辑性。

第四，本书在实证检验上具有较好的实践性与指导性。本研究通过引入案例分析，以实地调研为基础，用实证法研究农业生态资本投资的空间溢出效应，基于空间环境库兹涅茨曲线理论探讨经济发展约束下农业生态资本投资对农业生态环境的空间效应作用机理，探索农业生态资本投资与农业生态环境污染的空间格局和空间溢出效应，具有一定的实际应用价值。

三、有待进一步改进的问题

(1) 现阶段农业生态资本投资的基本内涵尚存在一定的争议，因此，基于有争议的基本内涵而进行的农业生态资本类型划分以及相应的测度也难免会产生争议。这虽然是本书可能的创新之处，但也恰恰是本书研究的不足之处，需要进一步完善。

(2) 由于关于农村生态资本投资的衡量指标体系较少，本书虽构建了相应的评价指标体系，但受限于部分指标数据的不可获取性，舍弃部分对农村发展有重大影响的指标，使研究结果出现一定的偏误。同时，本书只对农业生态资本主动型投资和被动型投资水平在其测度上做初步性探索，相关指标选取以及替代指标选取主观性较大。因此，为进一步提高农业生态资本投资对农村生态、经济和社会产生效应的科学性和准确性，需要对农业生态资本投资以及农村生态、经济和社会发展指标和数据做出不断改进和完善。

(3) 研究层面上，本书以省级层面作为基本研究单元，研究结论虽然能为相关研究和决策提供一定理论参考，但研究层面相对较为宏观，研究结论的可操作性不强。因此，今后可通过实地调研来获取微观数据进行研究，比如针对乡村、县、乡或某地区农户等，多层次、多角度来研究农业生态资本投资效应。

(4) 研究方法上，首先采用熵权综合指数法获取农业生态资本投资五个不同层面的指标，虽然指标获取较为客观，但如果能结合相应地区的实际状况，同时再考虑将主观和客观因素融合在一起综合考虑后获取指标，将使研究结果更具科学性。其次，本文均是采用 STRIPAT 模型研究农业生态资本生态溢出效应，且空间权重较为单一。因此，后续可以在农业生态投资效应的动态性和空间权重的多样性上做进一步研究，丰富农业生态资本投资效应的研究成果。

第一章　核心概念与研究基础

第一节　核心概念

一、农业生态资本

农业生态资本是农业生态可持续发展的基本要素，农业生态资本投资是确保农业生态资本存量非减性的前提和基础。经济学认为，资本是由人类经济制度产生的用来生产其他产品和提升服务的有形或无形财富的存量形式，它是能够带来价值增值的价值，是推动社会进步的动力源泉。资本具有“聚宝盆”和“摇钱树”的基本功能，因此，从发展生产力的角度来看，资本是一种生产要素。要促进生产力水平不断提高，必须充分发挥资本生产要素的重要作用。

生态资本是能够增加社会经济收益的生态资源和生态环境，主要包括四个方面的内容：一是能直接进入当前社会生产与再生产过程的自然资源，即自然资源总量（包括可更新的和不可更新的）和环境消纳并转化废物的能力（环境的自净能力）；二是自然资源的质量变化和再生量变化，即生态潜力；三是生态环境质量，主要指生态系统的水环境质量和大气等各种生态因子为人类生命和社会生产消费所必需的环境资源；四是生态系统作为一个整体的使用价值，主要指呈现出来的各环境要素的总体状态对人类社会生存和发展的有用性，如美丽的风景向人们提供审美、娱乐、休息的功能，满足人类精神文明和道德需求等生态服务功能。现代经济社会越发展，人类对生态环境质量的要求越高，生态系统的整体性就越重要，因而生态资本存量的增加在现代经济社会发展中的作用也就日益重要。

农业生态资本是指在确保农产品安全、确保农业生态安全、确保农业资源安全以及提高农业综合经济效益的基础上，在自然因素和人为投资双重作用下，依赖农业生态资源和农业生态环境产生的生态价值及其功能价值的总和。从生态建设的角度看，农业生态资本体现了农业生态环境的功能，表现为农业生态功能、农业环境功能与农业生态资源价值；从经济发展的角度来看，农业生态资本是稀缺的，特别是在农业生态环境状况不佳的地区更是如此。实际上，农业生态资本是通过自然因素和人为投资双重作用形成的资本，从这个意义上说，农业生态建设投入是生产型支出。与其他资本形态一样，农业生态资本应当获得回报，并且它的回报有私人获益和公共获益两大类型。随着全球生态环境的普遍恶化，农业生态资本的经济价值将逐渐提高。农业生态资本是有意识投资的产物，自然存量可以对投资的效率产生影响，但不能取代人为投资。

按空间构成关系，农业生态资本可分为三类：①农业地质资本，包括矿物资源和化石资源；②农业地理资本，包括土壤资源（耕地、林地、草地、水面、荒山、丘陵等）、水利资源、气候资源和生物资源；③农业星际资本，包括光能和核能等。按生态经济功能，农业生态资本可分为四类：①农业生态资源和农业生态环境的自净能力，其中，农业生态资源包括可再生资源与可耗竭资源两类；②农业生态潜力，即农业生态资源及其环境的数量与质量变化和再生量变化；③农业生态环境质量，指农业生态系统的水环境质量、大气质量等各种农业生态因子为人类生命和社会生产消费所必需的农业环境资源；④农业生态系统整体使用价值，即各种农业生态环境要素作为一个整体对人类社会生存和发展的有用性、观赏性和娱乐价值等。

农业生态资本是一种稀缺性的生产性资源，是一种投入农业生产活动的要素，但是它具有一般资本所不具有的特殊增长机制，以及人造资本所不可替代的生命支持功能。农业生态资本具有二重性：一是具有农业生态资源和农业生态环境的自然属性，具有生态功能，遵循生态规律，表现为农业生态资本的使用价值；二是具有资本的一般属性，以保值增值为目的，遵循市场供求与竞争规律，表现为农业生态资本的价值。农业生态资本的二重性决定了其区别于一般资本。

（一）产权属性

农业生态资本的产权属性包含两层含义：一是农业生态资源资本；二是

农业生态环境资本。农业生态资源资本在私有制下完全可以产权私有化。在公有制社会，农业生态资源资本产权属于整个社会，国家是产权的拥有者，国家可以根据地域划分确定农业生态资源资产的产权，实施使用权和经营权的转让。尽管如此，无论是私有制还是公有制经济，都存在部分或全部产权由国家代表人民利益而拥有所有权的事实。至于农业生态环境资本，其效用具有强烈的外部性，其产生的外部效用可以影响一个地区、一个国家环境资本的优化配置，所以往往由国家政府所有。

（二）共进竞争性

农业生态系统各因子在相互制约与促进中发展，遵循共生、相生相克等生态竞争规律。同时农业生态资本又与物质资本、人力资本存在着市场竞争关系，遵循市场竞争规律。资本的活跃在于其竞争性，共生、共享性的竞争是协同共进性的竞争，利用市场竞争机制，渗透到社会经济生活中的各个领域，如实行农业生态资本竞争的主排污权交易政策、允许企业拥有其产权等。

（三）开放性和融合性

农业生态资本既具有生态系统的开放性与多样性，又具有一般资本的融合性与开放性，可以实施产权主体多元化、利益共同体等资本经营方式。资本的开放性和融合性必须与农业生态系统的开放性和多样性相结合，使农业生态的产权主体与利益主体多元化，形成农业生态产权关系共同体和利益共同体，从而改善农业生态环境。如运用农业生态资本开放性和融合性，发行农业环保彩票，进而形成社会和生态利益共同体，实现农业生态效益、经济效益和社会效益的最大化。

（四）阈值性

阈值性主要是指农业生态资本的供给受其自身增长特性和更新能力的限制，其供给量是有限的，存在供给阈值。农业生态资本能够承载人类生存与经济发展对生态经济功能的需求，但其承载力具有一定的阈值（极限）。在其阈值范围内，农业生态资本的供给能力不受影响，具有可持续性，而一旦超出了这一阈值，农业生态资本的供给能力就受到影响，将会导致农业资源环境退化。农业生态资本的供给阈值并不是固定不变的,技术进步可以扩大农业生态资本供给的阈值。

(五)替代性与转化性

在一定条件下,农业生态资本与物质资本、人力资本之间能够相互替代或转化。它们相互作用、相互依存,生产新的任何一种资本的技术均以三种资本结合的方式来进行。社会生产是物质资本、人力资本、生态资本、劳动与技术进步共同作用的。人们在考虑物质资本的生产时,必须考虑人类整体福利的增加,即社会公平、社会精神文明的发展应与自然资源的节约、生态环境的改善相结合。

二、农业生态资本投资

生态资本投资是特定行为主体为了获取现期或预期收益或达到预期的目的,暂时放弃当期生产或消费而进行的一系列有目的、有计划的生态恢复建设、环境污染治理、生态技术研发等活动,对特定范围内的生态资源进行一定的(货币或实物)投入,并经过与研发对象的有机结合,使生态资源质量及数量指标有所改善,并且这种改善最终反映在生态资本存量增加上的投资行为。农业生态资本投资是通过资金和实物的投入对农业生态资本使用价值的有效运用,依据农业生态资本的消费及其形态的变化,实现农业生态资本长期收益整体最大化而进行的活动。这种活动需要不断地发现新的农业生态要素资本,发明新的农业生态技术,提高农产品的生态位,维持较高的收益率,实现整个经济社会的生态化。农业生态因生态资本的增值而改善,生态资本因农业生态的改善而得以保证其受益的长期性和增值的整体性。构建生态创新型农业生态资本投资模式,提高农业生态资本投资水平,有利于保持农业生态资本存量的非减性,使后代人拥有与当代人同样或更好的可持续发展的生态基础。

农业生态资本是以资源的形态存在的,其价值和服务价值以及实现货币化之后所得的经济价值往往不同,一般以生态环境质量综合评价和生态价值评估作为参考来理解一个地区的农业生态资本数量。农业生态资本贬值总体上是由人为因素造成的。农业生态资本投资不仅可实现农业生态资本的经济价值，还可以使农业生态资本保值和增值，保持其存量非减性。农业生态资本投资就是在保持甚至不断提高农业生态系统整体服务功能和农业生态环境质量的前提下，通过生产或经济手段，用最少的资源产生最大的效益实现农业生态资本向货币转化的一系列措施和方法。农业生态资本是一种“原生资本”，很难精确地衡量其价值，也很难直接用于市场投资和市场自由交易，而必须经过货币转化才能参与社会流通环节。农业生态资本实现货币转化通常可获得较高的经济收益，但是不同转化途径实现的价值不同，而且其价值的实现也会因为经济地理区位和生态意识不同而有所不同。对农业生态资本进行有效的投资是促进农业生态资本货币化现实可行的主要途径。

农业生态资本投资作为投资的细分项，具有投资的一般属性和自身特性。就投资的含义而言，投资具有二重性，既指“经济主体为获取预期收益，投入一定量货币或其他资源，进而形成资产（资金），来从事某项产业的经济活动”[1]，又指“经济主体为了获取预期效益而不断转化为资产（资金）的一定量货币”。农业生态资本投资作为生态资本投资在农业领域的应用，首先具有生态资本投资的共性，然后才具有农业生态资本投资的特性。由于我国的自然资源和生态环境所有权归国家或集体所有，个人或企业组织只具有除所有权以外的权利（如使用权），因此，我国农业生态资本投资具有以下明显特征。

（一）政府主导性

政府是农业生态资本投资的宏观主体，这是由农业生态资本的属性与政府职责共同决定的。从农业生态资本属性角度来看，农业生态资本具有公共性和基础性，其明显的正外部性使得良好的农业生态环境不可能通过市场机制自发供给，社会自身也无法凭借有限的力量从根本上解决农业生态资本供给的问题，一旦农业生态资本供给不足，就会导致“公地悲剧”的出现。因此政府肩负着提供农业生态资本投资的任务。从农业生态资本的产

[1] 博迪，凯思，马库斯．投资学（英文版．第6版）［M］．朱宝宪，楼远，吴洪，等，译．北京：机械工业出版社，2005.

权特征来看，绝大部分农业生态环境资源属于国家所有或集体所有，政府是代表国家或集体行使农业生态资本权益的法定主体。从农业生态环境建设的角度来看，由于农业生态资本投资的周期长、涉及范围广、利益主体多，任何企业或个体都难以持续有效供给，而政府拥有的宏观调控和统筹协调能力是保障生态资本投资全面有序供给的关键。

农业生态资本投资过程中，政府的宏观主体作用表现得尤为重要。农业生态系统是经济系统的基础，农业生态经济的双重基础地位决定了农业生态资本投资的极端重要性，由此决定了政府在农业生态资本投资中居于主导地位，起着不可替代的作用。政府的主要职责是战略规划、政策保障、绿色管理、基础设施建设、农业生态市场培育等。农业生态资本公共投资主体又可细分为中央政府与地方政府两大类。

（二）整体增值性

农业生态资本投资应获得最大限度的增值，即盈利的最大化；同时又必须考虑农业生态系统结构的整体性，即系统各因子的平衡与协调，否则，系统就会失去平衡，整体趋于恶化。如历史上秦汉时期黄河中游过度开垦，使黄河洪水泛滥，流域生态环境恶化，西北、华北（北部）流沙掩城。因此，资本寻租的特点与农业生态系统的平衡协调性必须在矛盾中寻求统一。

（三）长期受益性

合理进行农业生态资本投资，其使用价值与价值不会永久丧失。可再生资源还能依靠其自生累积性，使农业生态资本自动增值，带来长期的经济效益与生态效益。有些农业生态资源只需少量投资，把它保护起来，靠生态的自生性，就会自动升值。如森林的供氧、涵养水源、调节气候、自然景观等多种使用价值只要利用适度，其多种有用性就可以长期存在和永续利用。

（四）收益滞后性

农业生态资本投资周期长，生态资本投资收益通常在环境遭到破坏之后才能感知到，呈现出明显的滞后性。生态资本投资收益并不能在当下得到体现，但会在未来一段时间后取得。以四川省退耕还林工程为例，截至2019年底，中央财政对四川省新一轮退耕还林建设已累计投入31.35亿元，其中:种苗造林费9.33亿元,对退耕农户的直接现金补助22.02亿元。由于林业生产的特殊性,产出经济效益需要较长时期。比如在实施有效经营管理的前提下,四川区域内的核桃挂果一般需要5年,进入盛产期需要7年;花椒挂果一般需要3年,进入盛产期需要5年;各种水果进入盛产期需要5~7年。因此,生态资本投资需要经过一定的等待期才能产生收益。而在经济效益产出等待期,需要国家财政对退耕农户的直接补助资金的持续投入,才能巩固新一轮退耕还林建设成果。农业生态资本投资的短期成本仅是未来长期成本投入的一部分,并且其回报往往难以在短期内得以显现,因此,政府在农业生态资本投资方面短期成本投入与否和投入的大小,很大程度上取决于政府对其利弊得失的价值判断。由于农业生态环境是一种有很强外部效应的特殊性公共产品,不仅投资大、见效缓慢,其成果和效益的显现也具有一定的滞后性,因而短期收益不明显。

(五)不动逃逸性

农业生态资本投资既具有环境资源的空间固定性,又具有一般投资规避风险的逃逸性。低回报率的农业生态资本投资会转移地域或变换形态,流动到回报率较高的领域,引起农业生态资本的投资功能逃逸。投资规避风险性与农业生态资源的空间固定性和系统可变性是紧密联系的。商品需要交换、资本需要流动才能实现其价值,但农业生态资源有其地域性,如果投资不当,不但无益,还会有害。因此,农业生态资本投资要规避风险,变换形态,转移地域。有时虽然生态环境仍在那里,但作为资本投资已经逃逸了。

三、农业生态资本投资生态溢出效应

农业生态资本投资生态溢出作为本研究的核心主体,需要对其进行清晰的界定。溢出效应从本质上来说是指外部性问题。外部性又称外部效应,是指某项经济活动给予与该项活动无关的第三方的影响。其中,对其他人造成损害的行为具有外部不经济性,通常被称为负外部性;而使其他人共同受益的行为具有外部经济性,通常被称为正外部性。

外部性的研究起源于20世纪70年代,由于工业化、城市化引起的资源短缺、环境恶化等一系列社会问题不断加剧，经济发展过程中的外部性问题逐渐被认识到。外部性这一概念最早是由剑桥大学著名的新古典经济学的代表马歇尔和庇古在20世纪初提出的。庇古在其所著的《福利经济学》中指出：经济外部性的存在，是因为当A向B提供劳务时，往往使其他人获得利益或受到损害，可是A并未从受益者那里获得报酬，也未向受害者支付任何补偿。外部性影响不是在有关各方以价格为基础的交易中发生的，因而那些得到收益的人无须付费，而蒙受损失的人也无法得到补偿，由此导致社会经济资源配置效率降低。在生态环境保护与资源开发利用过程中会出现两种情况：一是因生态资源开发造成生态环境破坏，形成了外部成本；二是因生态环境保护产生了外部效益。其中，生态环境污染和自然资源破坏是典型的负外部性行为。而生态环境保护可为全体社会成员提供正效益，而这种正效益一旦发生，就不可能有人被排除在享受之外，因此生态环境保护行为具有很强的正外部性。而本书要研究的农业生态资本投资行为就属于这种行为，它在补充农业生态资本存量的同时能够提供具有正外部性的农业生态系统服务功能。

值得关注的是，随着经济发展外延空间不断扩张，物流、交通、信息技术的发展，各区域之间的空间交互影响越发强烈，再加上生态系统的空间流转性，空间要素越来越成为生态经济学中研究的必备要素。把农业生态资本投资产生的正向的生态溢出带入空间视角进行分析，通过研究农业生态资本投资的空间分布规律，探寻现实中存在的不同规模、不同形式的农业生态资本投资的空间集中机制，并探讨各区域农业生态资本投资的差异及深层次原因，我们可以发现农业生态资本投资跨区域的生态溢出不是简单的正外部性问题，而是更为复杂的情况。由于农业生态资本投资生态溢出，地方政府的农业生态投资不仅仅能够改善本地区的环境质量，同时也能改善相邻地区的环境质量。在条块分割的行政管辖制度和中央及地方官员绩效考核的双重压力下，农业生态资本投资行为显然有益于“竞争对手”区域，责任和收益的不对等让地方政府之间更容易产生推诿和卸责的倾向。周边区域会出现“搭便车”的行为，而本区域政府为了控制生态效应外溢，可能倾向于采用局限于本区域内污染治理的狭隘模式，这不仅抑制了农业生态资本投资在地区间的生态溢出效应和规模效应，甚至强化了环境污染的“邻避效应”，反而不利于生态环境的治理。

具体来讲，本书中的农业生态资本投资生态溢出效应是指农业生态资本投资活动过程中采用诸如农业生态基础设施投资、农业生态修复、农业环境污染治理投资等方式，提高农业农村生态的涵养水源、调节气候、减少水土流失和保持生物多样性等生态服务能力，优化农业农村生态系统服务功能，使得农业生态资本存量增加。农业生态资本投资的生态效应通过生态系统空间流转性、生态技术扩散及生产要素流动等途径对本区域以及临近区域的生态资本投资水平产生额外的影响，进而改变本区域以及临近区域的生态资本存量，而这种影响对农业生态资本投资而言是非目标结果。而这种跨区域的非目标结果就是本书要研究的农业生态资本投资生态溢出。农业生态资本投资的生态溢出效应按照溢出效应可以分为正向溢出效应和负向溢出效应。这两种效应分别对应外部经济和外部不经济两种情况。农业生态资本投资的生态溢出效应按照溢出方向可以分为直接溢出和间接溢出，分别对应区域内部溢出和区域外部溢出两种情况。

第二节　理论基础

一、生态资本理论

20 世纪六七十年代，随着西方发达资本主义国家工业化和城市化进程的加快，资源大量消耗和浪费及环境严重污染问题愈发凸显，资源消耗和环境污染已经严重影响到人们日常生产和生活。环境保护理念和环境保护运动应运而生，资源和环境有价的思想开始萌芽，环境资本的概念也逐渐形成。随着人们环境保护意识的加强和资源环境对生产生活的约束，自然资源连同自然环境逐渐成为经济社会发展的核心动力，自然资本的概念被提出。自然资本概念的提出得到生态经济学、环境经济学等学科研究人员的积极响应。随着研究的不断拓展和不断深入，生态资本的概念进一步被提出，尤其是 1987 年布伦特兰委员会提出“环境和生物圈是最基本的生态资本"之后，生态资本理论就生态资本概念、属性和价值等方面的研究不断发展（严立冬等，2009）。

生态资本理论的提出和发展是经济社会与自然生态环境矛盾激化的结果，也是经济社会文明发展和可持续发展的要求。就现阶段生态资本理论研究成果而论，国内刘思华和严立冬教授团队的研究成果具有明显的代表性，其生态资本理论的主要观点如下。

（1）生态资本的概念和基本构成。刘思华（1997）最早提出生态资本的概念及其构成，指出生态资本是存在于自然界经过人化并可用于人类社会活动的自然资产，是一种新型的、可持续发展的核心资产。严立冬等（2010）指出生态资本的构成要素包括生态资本使用价值、生态资本产权、生态技术和生态市场等。马兆良（2016；2017）认为，生态资本提供的服务主要包括以下方面：一是供给服务，生态资本向社会提供各种食物、纤维、水资源、药材等物质而直接参与经济生产；二是调节服务，如气候调节、水体净化以及水土保持等服务，这一类服务多以间接的形式参与经济生产，但往往在保障正常生产方面发挥着巨大作用；三是文化服务，生态系统为人们提供教育、科研、旅游和娱乐休憩等活动的资源。生态资本的外部性特征主要表现为：生态系统服务能够促进健康水平提升，有利于人力资本积累。

（2）生态资本的形成过程以及生态资源、生态资产与生态资本的关系问题。严立冬等（2009）指出生态资源是构成生态环境的具有生态服务功能或生态承载能力的各类自然和人工要素；生态资产是具有明确所有权且在一定技术经济条件下能够给所有者带来效益的稀缺自然资源；生态资本则是具有资本增值性的能产生未来现金流的生态资产。同时，严立冬等（2009）分析了生态资源、生态资产和生态资本之间的关系：生态资源只有具有稀缺性，在产生效益和明晰所有权时才能转化为生态资产；生态资产的所有者只有在能自由有偿转让生态资产并获得其未来收入流时，生态资产才能转变为生态资本，且生态资本是生态资源的最终转化形态。

（3）生态资本运营方面。邓远建（2011）认为生态资本运营就是将生态资源和环境作为资本，通过社会经济系统的生产和再生产过程实现价值增值的过程；生态资本运营机制框架体系包括生态资本运营的积累机制、转换机制、补偿机制和激励机制。严立冬等(2009)将生态资本运营的理念运用到农业领域,认为农业生态资本运营是指在农业生态化发展过程中,将农业生态资产作为生产要素通过自然和经济再生产过程实现其形态和价值转化,达到农业生态资本的保值增值,为最终实现农业生态资本长期收益整体最大化而进行的全部经营活动和管理过程。严立冬等(2011)对农业生态资本积累机制与相关政策进行了有益探索;严立冬等(2015)对农业生态资本运营的收益持续量的约束条件和动态变化进行了研究,指出需要农业经营者加大投入才能在农业生态资本运营的动态收益中获得最佳持续量。

生态资本及生态资本理论的提出与发展是经济社会发展的必然,将生态资源和生态环境作为资本等同视之,不仅可以逐渐改变人们的财富观,更是对资本概念与理论的扩充,无论是在理论层面还是在实践层面都具有一定价值和意义。就本研究而言,生态资本及其理论为研究农业生态资本投资的生态溢出效应提供坚实的理论基础。

二、资本投资理论

投资理论主要研究的问题是何时何地应该投入或撤出资本,以及投入或撤出多少资本等决策问题(王涛,2012)。从西方经济学投资理论的演变过程分析,主要有以下三种理论。

(1) 古典投资理论。古典投资理论以马歇尔和凯恩斯为代表,以马歇尔为代表的古典投资理论以长期与短期均衡为分析要点,分析利率对投资方向以及投资时机的影响,主要回答了是否投资以及何时投资的问题,但并未回答投资多少的问题。基于此问题,凯恩斯在其宏观经济分析以及后来凯恩斯学派继承者的投资分析中,分别将资本边际效率加入传统投资函数中,并通过加速数原理研究投资量的问题,因此,凯恩斯主义投资理论研究的重点在于投资量的大小以及投资影响因素问题。

(2) 新古典投资理论。以萨缪尔森为代表的新古典经济学家将产出水平、产出价格及资本使用成本三个主要影响因素加入投资函数中,研究投资不同因素对投资水平的影响(王涛,2012)。20 世纪 60 年代,以戴尔·乔根森为代表的经济学家明确回答了理想状态下的投资水平决定问题。戴尔·

乔根森以柯布-道格拉斯函数为基本分析函数，以产出和资金的使用成本为主要研究变量，分析稳定状态下的理想投资水平以及决定影响因素之间的关系（周继红，2003）。Tobin 的 q 理论又将资本的边际调节成本加入投资函数中，分析资本投资的动态变化过程，研究资本使用成本以及劳动等综合影响。

（3）现代投资理论。古典投资理论和新古典投资理论主要研究个体在静态状态下的最优投资行为及其决策，而现实中的投资是一个不断动态变化的过程，因此，古典和新古典投资理论在实践上存在明显的不足。现代投资理论以理性预期理论为基础，在投资领域出现了不可逆投资理论。该理论通过随机最优化的方法分析解决投资最优原则；主要回答企业一次性投资以及企业进行投资调整应具备什么条件的问题（周继红，2003）。

随着资本基本内涵的扩展，因资本种类和研究视角的不同，多种多样的资本投资理论延伸出来：舒尔茨的用于解释经济增长谜团的人力资本投资理论指出，人力资本投资不仅是收益最佳的投资，还是经济增长的主要源泉（Schultz，1961）；马克思和列宁从生产关系角度提出的对外投资理论（蔺叶坤，2013；张宗斌，王鑫，2018）等。而关于生态资本投资及其理论的研究尚处于发展阶段，研究成果相对较少。

武晓明等（2005）对生态资本投资的主体、投资方式的类型和投资的制度激励进行了探讨，指出政府是生态资本投资的主体，生态资本投资方式类型主要有债权型投资、股权型投资、基金型投资和咨询顾问型投资四种；赵志远（2012）和袁青、王雪（2014）对生态资本投资的内涵等进行了有益探索，为生态资本投资理论的发展提供了一定参考。

总体来看，资本投资理论体系庞大，各类资本投资理论相对完善，而关于生态资本投资的理论尚处于探索期。但显然生态资本投资理论是在现有投资理论体系基础上不断延伸发展而来的，具有资本投资理论的一般特征，又有生态资本投资的特性，因此，梳理和归纳资本投资理论的发展将有助于生态资本投资理论以及农业生态资本理论乃至实践的发展。

三、公共品、外部性与外溢性理论

(一) 公共品与外部性

1948 年，萨缪尔森在讨论是由市场还是由政府来执行一种物品的分配或成本补偿时谈到，如果一种物品由非集权首次分配，那么它就是集体物品。在他的著作中，集体物品等同于公共物品，这是早期公共产品定义的雏形。随后，萨缪尔森于 1954 年在其经典论文《公共支出的纯理论》中，将“集体消费的产品”定义为公共物品，即个人消费这种产品不会导致别人对该产品消费的减少。以产品是否具有竞争性和排他性为视角划分的公共产品定义已经被理论界广泛认可和接受。萨缪尔森专注研究以灯塔为代表的纯公共品，Tiebout(1956)则将外部经济引入萨缪尔森的集体消费概念中，发现了一个更为宽泛的公共品定义，即公共品是一种能够被生产出来却无法对相应的消费品进行合理收费的产品和服务。然而，在现实生活中，几乎不存在一种物品可以完全满足纯公共品的严格定义，即使是像国防和外交这类公共品，也不是每个人都可以获得同等的消费数量和质量(斯蒂文斯，1999)。

对非纯公共品的研究源于 Buchanan(1965)提出的“俱乐部理论”。这一理论拉近了萨缪尔森定义的纯公共品和纯私人品之间的距离。该理论认为，可以通过某些技术设计或者制度安排来排除部分成员的参与以及“搭便车”行为，从而实现公共品消费的排他性。此时，俱乐部就能通过私人或自愿的途径提供公共品。然而，当俱乐部成员过多时，“拥挤效应”会影响产品对消费者的效用，因此俱乐部存在确定最优成员数量的问题。

Oakland(1972)在俱乐部理论的基础上做了进一步研究。他发现，非竞争性是公共品区别于私人品的关键特征，当放松“增加一个消费者的边际成本为零”这一强假设，并假定增加一个消费者会给其他人带来一个拥挤成本时，这一类公共品就是拥挤性公共品，即消费者从拥挤性公共品获得的效用会因为其他人的使用而减少，典型例子就是拥堵的高速公路。不同于 Buchanan 的俱乐部理论，Oakland 给出了拥挤性公共品供给的帕累托最优条件。

阿特金森和斯蒂格利茨(1994)将萨缪尔森的公共品纯理论性定义扩展

到更贴近现实经济社会的一般性公共品定义。他们认为在现实世界中，纯公共品的例子极其少见。更一般的情况是，在保持该商品总支出不变的情况下，个体消费的增加不会使其他人的消费等量减少。比如一条很少使用的高速公路，个人的使用对其他人的利益只存在轻微甚至可以忽略不计的影响。

随着公共品理论的逐渐发展和完善，公共品可以从不同角度进行分类。

(1) 公共品按照基本特征差异划分为纯公共品、准公共品和混合产品。由于某些产品的效益存在内部性，破坏了其非竞争性与非排他性的充分与完整，这部分产品就是准公共品。准公共品又可以再进一步细分为俱乐部产品和公共资源(common resources)。俱乐部产品可以通过技术设置或者制度安排来排除部分成员的参与以及“搭便车”的行为，具有排他性；公共资源具有竞争性和非排他性特征，由政府部分提供管制并调节，比如公共牧场、海洋资源等。

(2) 公共品按照物质形式可以划分为有形的公共物品和无形的公共服务。通常而言，用来满足人们物质消费需求的公共物品具有显在的物质表现形式，比如城市基础设施；而那些用来满足人们精神文化消费需求的公共服务通常不具有显在的物质表现形式，比如国防、教育、文化宣传等。从这个角度出发，本书的研究对象同时包括了有形的外溢性公共物品和无形的外溢性公共服务。

(3) 公共品根据供给目的的差异可以分为经济性公共品和福利性公共品。前者主要包括那些服务于经济发展的生产型公共品，比如公共交通、公共能源等；后者主要包括那些旨在增加社会整体福利的消费型公共品，比如文化教育、医疗卫生、环境保护等。

(4) 公共品按照受益范围与行政辖区的吻合程度，可以将其分为闭合型公共品和非闭合型公共品。闭合型公共品的受益范围仅限于一个特定行政辖区内，消费收益不存在不同辖区之间的溢出问题；反之，非闭合型公共品的消费收益并不局限于某个特定的行政辖区，而是会从供给辖区溢出到非供给辖区，此时就存在一个地区间公共品供给成本分摊问题。一般而言，效益的外溢性越大，就越应该由上级政府乃至中央政府来直接或间接承担其供给配置职责。闭合型与非闭合型公共品的差异，在一定程度上解释了政府间公共资源配置责任的划分原因以及政府多级管理体制和转移支付制度存在的必要性。

外部性是指除了交易双方之外的第三方所获得的、无法在价格中反映的成本或收益。西奇威客(1887)发现，在自由经济中，个人并不总是能够从自己所提供的劳务行为中获得适当的报酬，虽然没有将外部性概念明确化，但事实上已经触及外部效应的基本概念。受其影响，Marshall(1890)最早提出外部经济的概念，即厂商在生产活动及其效益方面产生的却无法在生产成本上得以反映的有益影响。随后，福利经济学创始人 Pigou(1920)对外部性展开了比较系统深入的研究，提出内部经济、内部不经济、外部经济和外部不经济的概念，进一步解释了私人边际成本和社会边际成本、私人边际净收益和社会边际净收益之间的区别。

(二)外部性与外溢性

外部性在福利经济学和经济政策理论领域始终占据着主导地位，它具有多种形式，包括外部经济和外部不经济、边际社会成本和边际私人成本之间的差异、外溢性和邻域效应(neighborhood effect)以及集体产品或公共品等，可见外溢性只是外部性众多形式中的一种特例。外溢性概念最早被用于阐述两个个体之间的关系，随后被逐渐运用到国家、郡县等其他类型的主体上(Cornes & Sandler,1986)。比如两个国家之间以一条被污染的河流为边界，当只有一个国家支付成本治理污染时，没有支付成本的国家就享受到了治污行为的收益外溢性。

外溢性作为外部性的形式之一，其本身属于经济学一个极具争议却又无处不在的概念。它是个人活动向他人提供的未被补偿或无须补偿的收益。溢出效应并非有意供给，这些收益也绝非利他主义的结果。相反地，它们是附带产生的“额外之物”——出于私人目的而向他人溢出的结果。虽然外溢性看上去好像对个人不重要，但是对整个经济社会而言，它就是一个无处不在的“福利”，对社会福利体系具有十分重要的影响。Fichmann 和 Lemley(2007)认为可以将外溢性看作“私人回报和社会回报之间的差异”，但是并不是所有的外溢性都会构成私人回报和社会回报之间的楔子

(wedge)。与外部性的划分类似,那些确实会产生楔子的外溢性被看作"真实的或技术的"外部性(real or technological externalities),而那些不会产生楔子的外溢性则被认为是货币性外部性。前者会影响社会净福利,而后者只会影响分配结果(比如盈余在生产者和消费者之间的分配)。这样看来,环境治理外溢性就属于技术外部性的范畴。根据产权理论可知,外溢性是不好的,因为它们在私人价值和社会价值之间安置了一个楔子,并且妨碍了具有完全信息的独立个体做出最优决策。从供给层面来说,外溢性是那些原本应该被捕捉却未被捕捉到的用以增加投资激励的收益;从需求层面来说,外溢性反映了那些未被观察到的、丢失了的消费者需求信号,而这一信号无法正确引导投资和管理决策。

根据外溢性的正负相关性,可以将其分为正外溢性和负外溢性。在正外溢性下,相关主体之间可以相互强化,利益共享;而在负外溢性下,相关主体的利益不一致且互相冲突,需要分摊成本。因此从这一视角出发,外溢性又可以分为收益外溢和成本外溢。

根据选定的研究对象和研究空间,还可以将外溢性进一步分为外部外溢性(external spillover)和内部外溢性(internal spillover)。在外部外溢性中,外溢效应同时发生于发源地和其他地区;而在内部外溢性中,外溢效应只发生在发源地区内部,此时我们就认为这是一个被本地局部化了的外溢性。比如以国家为研究空间,那么某种公共品在该国内形成的外溢性就属于内部外溢性,而通过国家交流与合作等渠道对其他国家造成的额外影响,就属于外部外溢性。

Stavroula Malla(2006)还将地方政府在公共品上的支出政策带来的外溢性进一步区分为两种类型:来自地方公共品供给的收益外溢(benefits spillover)和来自相邻辖区居民带来的设施拥挤造成的拥挤性外溢(crowding spillover)。收益外溢假设代表性居民可以享受地方公共品在自己社区以及相邻社区的消费。拥挤性外溢是考虑到一个地方的消费水平受到相邻地区居住人口的影响,并非公共品供给的结果。如果物品和服务是拥挤性的,那么两种类型的外溢性会同时产生。

作为外部性的一种特殊情况,外溢性也具有外部性的基本共性,即正外溢性和负外溢性的划分。外溢性与一般外部性不同,其特性如下。

第一,更明确的相对性。与一般外部性相同,外溢性也涉及多个层面,具体包括国家之间、地区之间(尤其是一国范围内各省各市之间)、行业之间、企业之间和个体之间,等等。不同的是,外溢性是一个更细致的相对概念,基于不同的研究视角,其分析框架和结果也大不相同。并且随着时间的推移,以及公共品带来的积极影响的不断深入扩展,原来局限于某一个地区内部的外溢性公共品有可能会扩展成区域性受益,而区域性受益的外溢性公共品也有可能在某种程度上成为一国居民都受益的全国性公共品。这些都增加了对外溢程度和范围进行定量分析的难度。

第二,非瞬时性或动态性。外溢性,英文术语为"spillover",也可以拆分为一个动词词组,即"spill over",因此从最初的字面意思就可以发现,外溢效应并非瞬间发生,其基本特征之一在于某种要素"溢出"(spill)的这个动态转移过程,这也加大了对外溢性展开定量分析的难度。因此,类似于灯塔、公园里的音乐喷泉这样的公共品,在其落成之时就对所有人产生了外部性,但由于没有明确的动态溢出过程,我们认为其更多属于一般外部性特征,而非外溢性。

第三,不对称性或方向性。外溢性所强调的动态过程,本身就暗含了溢出的方向问题。绝大部分外溢性的发生并不能被人为调控,因此其外溢程度也很难达到绝对的对称性。以跨界污染为例,根据溢出方向,一般可以将污染分为单向污染(unidirectional pollution)和交叉污染(cross pollution)。单向污染又称下游污染(downstream pollution),指一个企业、地区或国家排放污染物,却同时损害了一个或多个相邻地区的环境质量。现实生活中,单向污染随处可见,主要包括上游工厂或农民使用化学品和肥料污染了下游国家或地区,一个地区工业生产活动产生的酸雨污染了相邻地区的土壤,等等。在交叉污染问题中,几乎所有地区都会因为经济增长而或多或少地排放污染物,并且几乎所有地区都深受其害。最为典型的例子就是导致全球变暖的温室气体的排放。

第四,空间距离衰减性。在现实世界中,空间特征是人类行为和生态现象的重要决定因素。外溢效应的动态性和方向性都暗示了一个空间关联系统的存在。Audretsch(1998)、Audretsch 和 Feldman(1996)都曾指出，外溢性有一个受限的地理维度，或者说，至少会随着距离衰减。一方面，空间距离衰减特性的存在，验证和强化了集群发展的必要性；另一方面，随着互联网等信息技术的发展，特定领域的空间距离衰减特征被略微弱化。空间距离衰减最典型的就是知识外溢过程中在空间延伸上的旺盛期、半衰期和消亡期。

四、生态经济理论

随着工业化的发展与时间的推移，人口、资源与环境问题从局部向全局、从区域向全球扩展，全球范围内的人口骤增、粮食短缺、环境污染、资源不足和能源危机威胁着人类的生存和发展，制约着社会的进一步发展。面对这些问题，如果从单一的生态学或经济学的角度来解决这些问题不容易找到正确的路径，唯有将两者有机结合起来进行系统分析研究，才有可能从中找到既有利于发展社会经济又有利于保护生态环境的答案。为此不同领域的学者从生态学和经济学有机结合的角度，寻求对策，生态经济学应运而生。

美国经济学家肯尼斯・鲍尔丁(Kenneth Bowlding)最早于 20 世纪 60 年代在《一门科学——生态经济学》一文中提出的“生态经济学”这一概念。英国生态学家戈德史密斯(Goldsmith)在 1972 年发表了《我们需要一种新的经济学》一文。同一时期，由多国著名学者组成的学术团体“罗马俱乐部”在其研究报告中，提出了生态学应成为扩大的经济学的基础的观点。苏联出版了《生态经济学概论》《生态经济的管理》《生态经济学的方法》等著作。1980 年联合国环境规划署召开了以“人口、资源、环境和发展”为主题的会议。同时，确定将“环境经济”(即生态经济)作为 1981 年《环境状况报告》的第一项主题。由此表明，生态经济学作为一门既有理论性又有应用性的新兴科学，开始为世人所瞩目。

最早是德国生物学家恩斯特・海克尔(Ernst Haeckel)于 1866 年对生态学(ecology)下了定义：生态学是研究生物体在其无生命的、有生命的环境中的生存条件的学科或科学。《中国大百科全书》(简明版)对经济学的解释:经济学(economics)是研究人类社会在各个发展阶段上的各种经济活动和各种相应的经济关系及其运行、发展的规律的学科。顾名思义,生态经济是与生态学、经济学分不开的,它是用生态学的思想与理论发展经济。也就是说生态经济是按照生态学的理论(原理),将生态系统与经济系统融为一体,来实现生态良性循环、经济可持续发展、生态环境与经济社会协调发展。

关于生态经济的概念有多种解释,德国海德堡大学教授 Fader Malte 认为:"生态经济学研究生态系统与经济活动之间的相互作用。"具体地说,"就是生态经济学的研究主题涵盖了人类今天面临的许多最紧迫的问题:化石燃料的使用与二氧化碳的排放,核废料的处理,基因工程的后果,森林开发与物种丧失,这些紧迫的全球环境问题待用生态经济学方法加以解决"。国际生态经济学会主席 Joan Martinez-Allier 认为生态经济学是"可持续性的研究与评估的科学",生态经济学包含新古典环境经济学和资源经济学,但由于其包含对人类经济活动环境影响的物理评价,因而又超出二者的范畴。

生态经济学是研究社会再生产过程中,经济系统与生态系统之间物质循环能量转化和增值规律及应用的科学。简单地说:就是人与自然和谐相处的问题。一般认为,生态经济是指在生态系统承载能力范围内,运用生态经济学原理和系统工程方法改变生产和消费方式,挖掘一切可以利用的资源潜力,发展一些经济发达、生态高效的产业,建设体制合理、社会和谐的文化以及生态健康、景观适宜的环境的系统。

本书认为,生态经济是生态系统与经济系统内在统一、有机组合、融为一体的生态、经济、社会复合系统。系统内各要素相互联系、相互作用、相互依托、相互制约,进行着物质代谢、能量转换、信息反馈,具有生产、生活、供给、接纳、控制和缓冲功能。系统与外部环境也相互协调,形成良性循环。生态经济学研究的核心是生态(环境)、经济、社会三者或子系统的协调与可持续发展。研究的目的是建设一个生产发展、生活富裕、人民健康、生态良好的,以资源、环境承载力为基础的可持续发展和谐社会。

目前,生态经济研究主要集中在生态产业、生态恢复、生态保护三个领域,并与产业生态学、恢复生态学、保护生态学相对应,形成了生态经济学的三个分支。生态经济研究主要有三个切入点:①以生态系统作为研究的主体，利用数学方法和生态模型，研究人类活动对生态环境的影响，包括生态系统顺向演替带来的价值增值和逆向演替造成的价值损失，在此基础上引申出必须保护、改善生态环境的政策含义；②从制度、组织、技术创新入手，规范企业和人的行为，协调人与人之间的关系，将企业和个人的自利目标与利他目标统一起来，实现经济与生态协调，人与自然和谐；③从利益相关者的协商、谈判入手，在全面界定利益相关者的基础上，通过利益相关者的学习、协商和合作，形成大家共同认可，即具有双赢乃至多赢性质的解决生态问题的方案。总之，从生态经济学的观点看，在协调经济与生态的关系上，既要看到经济发展依赖生态环境的一面，又要看到生态环境保护、建设和恢复依赖经济发展的一面。强调经济与生态的统一，克服过分强调社会经济和过分强调自然生态的两种片面性。

在生态经济学的视野中，生态资本作为一种重要的资本形态，对生态资源利用及生态系统修复方面的成本与效益方面的研究必须得到高度重视。当前，农业资源过度开发、农业投入品过量使用、地下水超采以及农业内外源污染相互叠加等带来的一系列问题日益凸显，农业发展受到了环境和资源的双重约束，因此农业生态资本投资在促进农业可持续发展过程中尤为重要。生态经济学研究的不仅仅是农业经济和社会属性，同时也把农业的生态自然属性带入其中进行有机的融合，从而克服了生态与经济相脱离的传统农业基础论的缺陷，建立起生态与经济相统一的现代农业基础论，这就是农业生态经济基础论。农业资本投资追求农业生态环境良性循环与农业内部良性循环，农业生态资本投资是依赖生态经济学的发展理论，与其一脉相承，终极目标都是实现人类社会的可持续发展。生态经济是绿色低碳循环农业发展的理论依据之一。

五、空间经济学理论

空间经济学（新经济地理学）是在冯·屠能的农业区位论、劳恩哈特和韦伯的工业区位理论、沃尔特·克里斯塔勒的中心地区理论、奥古斯特·勒施的区位经济理论等的基础上发展而来，其发端于20世纪90年代初，至今已有约30年的发展历史。虽然在城市经济学、经济地理学、区域经济学中十分关注空间意义，从整体上说，空间研究“在上一代基本上处于休眠状态”(Krugman,1991)。1991年，经济学家克鲁格曼(Krugman)发表了著名的《收益递增和经济地理》一文，倡导空间经济学向主流经济学的回归运动。他认为，经济地理现象是现实经济中最显著的特征之一，必须复兴区域经济学和经济地理学的研究。克鲁格曼为空间经济学的发展奠定基础之后，空间经济学开始迅速发展起来。

空间经济学试图把被主流经济学长期忽视的空间因素纳入一般均衡理论的分析框架中，研究经济活动的空间分布规律，解释现实中存在的不同规模、不同形式的生产的空间集中机制，并通过这种机制的分析探讨区域(世界)经济增长规律与途径。空间经济学研究经济活动的空间分布，探讨影响经济活动的因素，解释现实中存在的各种经济活动的空间集中现象。空间经济学对于经济发展意义重大，原因在于经济发展必须首先确定一定的空间位置，不同的空间定位与布局会导致资源配置效率的差异。

受区域经济发展水平、自然资源禀赋、城镇化水平、人口规模、生态偏好以及财政投入等差异的影响，各地区农业生态资本投资存在显著的空间趋同与分异特征，因此利用空间经济学的相关理论与方法研究农业生态资本投资及其对生态环境产生的影响时应考虑空间因素和区域差异，分析不同地区的空间相关性与异质性，有利于厘清区域之间在农业生态资本投资发展水平及效率等方面的差异，是解析农业生态治理潜在困境的关键前提，能为国家及各级政府有的放矢地制定政策提供有力的依据。

第二章　农业生态资本投资发展历程与现状

第一节　农业生态资本投资的发展历程

农业生态资本投资以政府投资为主体，以提高农业生态资本质量，改善农村生态环境，所以我国的农业生态资本投资与农村环境治理是密不可分的。基于此，针对不同时期农村环境治理问题，国家出台的不同环保政策已逐渐成为促进我国农村经济社会发展与进步以及农村生态文明建设等方面不可替代的政策。本章梳理了新中国成立以来我国农业环境的治理政策。总体来说，我国农业生态资本投资经历了四个阶段。

一、第一阶段：萌芽发展阶段（1956—1977 年）

这一阶段，农村环境问题尚不显著，发展农业生产仍是农村发展的主调。这一时期关于农村环境保护的研究也不多，涉及农村环境保护的政策多以改善农用土壤、水源、森林和草地资源等农业生态资源为主，其中水污染以及农村饮水卫生问题受到相对较多的关注。

其中较为重要的是 1956 年由原林业部牵头制定的《关于天然森林禁伐区（自然保护区）划定草案》，该草案明确指出："有必要根据森林、草原分布的地带性，在各地天然林和草原内划定禁伐区（自然保护区），以保存各地带自然动植物的原生状态。"1973 年首次召开的全国环境保护工作会议上制定并通过了我国第一部关于环境保护的综合性法规——《关于保护和改善环境的若干规定（试行草案）》，强调要改良农业土壤，多施用有机肥，发展新农药，减少农作物、水源和土壤的农药残留，并规定农业灌溉、养殖鱼类和其他水生生物的水源，要保证动植物生存的基本条件等。1978 年召开的党的十一届三中全会同意将《中共中央关于加快农业发展若干问题的决定(草案)》及《农村人民公社工作条例(试行草案)》发到各省、市、自治区讨论和试行。这些文件奠定了农业资源和农业生态环境保护的基础,标志着国家已经开始注意到对农业和农村环境的保护。在20世纪70年代,工业和城市生活污水用于农田灌溉被广泛推崇,这一条款使得污水灌溉在之后的20世纪80年代得以迅猛发展,为农田的大面积污染埋下了隐患。

二、第二阶段:初步发展阶段(1978—1997年)

这一阶段,农业生态环境问题开始呈现出来,中央政府快速响应,国家密集制定和颁布了一系列重要的环境保护单行法律和环境标准,保证了对大气、水、森林、土地等自然资源环境要素进行治理的需要。这些法律主要包括《中华人民共和国海洋环境保护法》(1982年)、《中华人民共和国水污染防治法》(1984年)、《中华人民共和国草原法》(1985年)、《中华人民共和国渔业法》(1986年)、《中华人民共和国土地管理法》(1986年)、《中华人民共和国大气污染防治法》(1987年)、《中华人民共和国野生动物保护法》(1988年)以及《中华人民共和国水土保持法》(1991年)等11部法律。系列生态环境保护制度与管理体制的建立,对农用水、农用土壤、森林资源、草地资源等重要农业生态资源的合理开发与利用进行了法律保护,虽没有明确提出农业生态资本投资相关概念,但这一举措无疑为农业生态资本投资的发展奠定了坚实的基础。

1979年颁布的《中华人民共和国环境保护法(试行)》是我国环境保护的基本法,它第一次通过法律强制性手段把环境影响评价制度和"谁污染、谁治理"的原则确立下来,并将环境保护纳入1982年宪法中,正式明确了自然资源保护的法律地位。但《中华人民共和国环境保护法(试行)》涉及农业环境保护的条款只有第二十一条"积极发展高效、低毒、低残留农药。推广综合防治和生物防治,合理利用污水灌溉,防止土壤和作物的污染"。

这一阶段在我国的农业生态环境治理政策出台的大背景出现了两个根本性转变:一是农村经济体制由计划经济体制逐渐转变为市场经济体制;二是农村经济增长方式开始由粗放型转变为集约型。其中,农村经济增长方式由粗放型转变为集约型就是要通过创新农业生态资源利用方式来节约自然资源，发挥市场在配置和管理农业生态资源方面的作用。这就要求不仅要理顺农业生态资源产品价格，而且还要建立保护和更新农业生态资源的价格补偿制度，适当进口短缺性农业生态资源性产品。这一根本性转变已开始关注农业生态资源开发利用所带来的农业生态环境效应问题，并强调要依据“个体承包、以粮代赈、退耕还林草以及封山绿化”的原则加强生态环境建设。国家明确提出要通过实行世界上最严格的土地管理制度来管好、用好和保护好我国的耕地资源；生态资源开发利用政策倾向于“有水快流、靠山吃山和靠水吃水”的农业生态资源加速开发政策。同时，我国政府不断改变环境治理和保护的思路，提出可持续发展战略。1996 年全国环境保护会议明确提出，保护环境的实质就是保护生产力，要大力建设农业系统各类保护区，积极防治农药和化肥污染，加快自然保护区建设和湿地保护。这些环境治理和保护战略的提出标志着我国的农业生态环境保护政策进入了可持续发展战略的新阶段。此外，国务院在 1996 年发布了《关于环境保护若干问题的决定》提出国务院有关部门要按照“污染者付费、利用者补偿、开发者保护、破坏者恢复”的原则，在基本建设、技术改造、综合利用、财政税收、金融信贷及引进外资等方面，抓紧制定和完善促进环境保护、防止环境污染和生态破坏的经济政策和措施。

可以看出，这一阶段政府在生态资本投资的政策和资金来源上已经有了自己的思路，以单纯国家财政支出开始转变为以国家投入为主，同时开始考虑其他的社会渠道来吸纳农业生态资本投资的资金，解决农业生态资本投资不足的问题。比如“开发者”和“污染者”应对被破坏的生态环境进行补偿和修复，引入金融信贷的渠道及引进外资的渠道等。这一阶段，农业生态资本投资重点放在农业生态污染治理和农业生态修复领域。

与此同时，农业生态资本投资的实践活动也开始展开。1982 年，北京大兴县长子营乡留民营村成为我国第一个实施生态农业建设的试点村，此后开始慢慢出现了许多增收效益的生态农业模式，比如稻田养鱼、稻田养萍，林粮、林果、林药间作的主体农业模式，农、林、牧结合，粮、桑、渔结合，种、养、加(工)结合等复合生态系统模式，鸡粪喂猪、猪粪喂鱼等有机废物多级综合利用的模式。生态农业的生产以资源的永续使用和生态环保为重要前提条件，依据生物与环境相协调适应、物种优化组合、能量物质高效率运转、输入输出平衡等原理，运用系统工程方法，借助现代科学技术和社会经济信息的输入组织生产。这一阶段生态农业的试点建设与实践为农业生态投资的开展奠定了基础。

三、第三阶段：全面强化阶段(1998—2011 年)

在这一阶段，环境保护与经济发展相结合的可持续发展战略被确立为我国发展的基本战略，转变了过去“发展经济、牺牲环境”的发展策略。此阶段最大的进展主要表现为：尝试系统地以农业生态资源作为资本参与宏观调控；将节约能源和保护耕地列入各级政府的考核体系；推动农业生态资源市场化的改革。

为了推动此次改革，国家统计局颁布的《中国国民经济核算体系(2002)》，不仅设置了自然资源实物量核算表，还编制了全国土地、森林、矿产、水资源的实物量表；通过和挪威统计局合作，编制了能测算我国 8 种大气污染物排放量的中国能源生产与使用账户；翻译了联合国出版的《综合环境与经济核算体系(2003)》(*Integrated Environmental and Economic Accounting* 2003)。在这个阶段中国开始建立比较全面的资源环境统计制度，将自然资源纳入国民经济核算的范畴中。生态资源价值核算体系的建立是农业生态投资的基本条件。

2002 年，国家提出在遵守经济发展规律的基础上发展环保事业，走市场化和产业化的发展道路。2002 年，江泽民同志在中央人口资源环境工作座谈会上指出，要“积极推广生态农业和邮寄农业，保护农村饮用水源地，保证食品安全”；2005 年，时任国家主席的胡锦涛强调，“要启动农村小康环保行动计划，把防治土壤污染提上重要议程，科学使用化肥、农药，加大水产养殖和畜禽养殖业的污染防治力度，保证农产品品质”。2007 年国务院发布《国家环境保护“十一五”规划》确定要开展农村环境综合整治，加强土壤污染防治，控制农业面源污染，发展生态农业，优化农业增长方式。2008 年 7 月，国务院首次召开全国农村环境保护工作电视电话会议，把农村环境保护与城市环境保护统筹考虑、全面推进。2009 年，国务院发布了《关于实行“以奖促治”加快解决突出的农村环境问题的实施方案》，明确提出以奖促治，积极推进农村环境综合整治。在这一阶段通过前期农村环境大规模治理投入，环境执法监管力度不断加大，农村环境综合整治成效明显，但是我国环境状况总体恶化的趋势尚未得到根本遏制，环境矛盾凸显，压力继续加大。出现这种情况的主要原因是政府主导的农业环境整治投入在资源配置上存在效率较低、供给不足以及价格扭曲等问题，还需要通过推进市场化深度改革来进一步完善。

四、第四阶段：深化改革阶段（2012 年至今）

这一阶段，重大的背景事件是党的十八大和党的十九大召开。党的十八大确立了“大力推进生态文明建设”的战略决策，提出“坚持节约优先、保护优先、自然恢复为主的方针”，“着力推动绿色发展、循环发展、低碳发展”，划时代地提出了生态文明建设和进行生态文明体制的改革，而党的十九大确立了“实施乡村振兴战略”，“树立和践行绿水青山就是金山银山的理念”，“坚定走生产发展、生活富裕、生态良好的文明发展道路”。2018 年中央一号文件《中共中央　国务院关于实施乡村振兴战略的意见》提出“运用现代科技和管理手段，将乡村生态优势转化为发展生态经济的优势，提供更多更好的农业生态产品和服务”。

这一时期，农业生态资本投资的条件和保障逐渐形成清晰的体系，主要体现在：产权界定是农业生态资本投资的前提条件，而农业生态资源资产化过程，即农村土地确权工作在 2018 年底基本完成；农业生态产业发展是生态资本投资收益的来源，而在这一阶段，农业生态产业发展的各项政策得到了强化；生态文明在农村地区得到了普及，这是农业生态资本投资价值观被农村居民接受的重要基础；政府部门对社会资金引入农业生态资本投资领域的政策有了明确的规定；农业生态资本投资的法律政策保障和组织保障形成体系。具体如下。

第一，农业生态资本投资的前提条件是“清晰的产权界定”。2013 年 11 月，十八届三中全会通过的《中共中央关于全面深化改革若干重大问题的决定》中明确提出，要对水流、森林等自然生态空间进行统一确权登记，形成归属清晰、权责明确、监管有效的自然资源资产产权制度。2015年印发的《生态文明体制改革总体方案》也提出，要建立统一的确权登记系统，推进确权登记法治化。2016年12月，国土资源部（现为自然资源部）、环境保护部（现为生态环境部）等七部委联合印发的《自然资源统一确权登记办法（试行）》，在推进自然资源确权登记法治化的基础上制定了归属清晰、权责明确、监管有效的自然资源资产产权制度。2017年，中共中央办公厅、国务院办公厅印发的《关于创新政府配置资源方式的指导意见》，要求通过建立产权制度来实现自然资源有偿获得和使用。2019年，中共中央办公厅、国务院办公厅印发的《关于统筹推进自然资源资产产权制度改革的指导意见》，提出到2020年要基本建立自然资源资产产权制度，提升自然资源的开发利用效率和保护力度，在保障国家生态、资源安全的基础上形成人与自然和谐发展的现代化发展新格局。

第二，农业生态资本投资收益的实现条件是将生态资本作为生产要素投入农业生态产业发展过程，实现农业生态资本增值。在农业生态产业发展方面，2017年《中华人民共和国企业所得税法》规定从事农村污染处理符合条件的企业，可以享受税收优惠政策，降低相关建设和运营成本，这在一定程度上激励了乡镇企业的环保积极性。2019年国家发改委等七部委联合印发的《绿色产业指导目录》，厘清了生态农业的边界，生态农业包括现代农业种业及动植物种质资源保护、绿色有机农业、绿色畜牧业等11项，技术产品认证和推广包括低碳产品认证推广、环境标志产品认证推广、绿色食品认证推广、有机食品认证推广等8项，地方政府和农业企业不能再盲目生产，而应结合当地农业资源，据此提供、推广农业生态产品和服务。

第三，生态文明建设是农业生态资本投资的文化基础。2015年9月11日，中央政治局会议审议通过《生态文明体制改革总体方案》，从推进生态文明体制改革要树立和落实的正确理念到要坚持的“六个方面”，全面部署生态文明体制改革工作，细化搭建制度框架的顶层设计。2018年修改《宪法》时，将生态文明纳入国家宪法的范畴，进一步凸显了生态的法律地位。农村优先发展成为大势所趋。党的十九大报告明确提出实施乡村振兴战略，2018年中央一号文件《中共中央　国务院关于实施乡村振兴战略的意见》也对实施乡村振兴战略进行了全面部署。

第四，中央政府明确意识到，农业生态资本投资光靠政府投资还不够，需要吸引社会资本进入农业农村，社会资本投资农业农村是巩固农业基础地位、推动农业农村优先发展的重要支撑。2020年农业农村部印发《社会资本投资农业农村指引》通知，提出支持社会资本参与畜禽粪污资源化利用、秸秆综合利用、废旧农膜回收、农药化肥包装废弃物回收处理、病死畜禽无害化处理、废弃渔网具回收再利用，加大对收储运和处理体系、还田管网设施、准用渔具等方面的投入力度。鼓励社会资本投资农村可再生能源开发利用，加大对农村能源综合建设投入力度，推广农村可再生能源利用技术，探索秸秆打捆直燃和成型燃料供暖供热，沼气生物天然气供气供热新模式。支持社会资本参与长江黄河等流域生态保护、东北黑土地保护、耕地保护与质量提升、农业面源污染治理、重金属污染耕地治理修复、种植结构调整试点。支持社会资本投资农村人居环境整治，参与农村厕所革命、农村生活垃圾治理、农村生活污水治理等项目建设运营，开展村庄清洁、美丽宜居村庄、文明渔港和最美庭院创建等活动，推进农村人居环境整治与发展乡村休闲旅游等有机结合。

第五，农业生态资本投资的法律保障和组织保障已形成比较完善的体系。从法律保障情况来看，2014年，我国修订了《中华人民共和国环境保护法》。2015年修订完成了《中华人民共和国大气污染防治法》，2016年修订完成了《中华人民共和国环境保护税法》《中华人民共和国海洋环境保护法》，2017年修订完成了《水污染防治法》，2018年1月1日，《中华人民共和国环境保护税法》开始实施，对大气污染、水污染、固体废物和噪声污染物进行征税。同时我国政府出台了一系列生态环境检测方案，以保证守住国家的生态底线，如2015年国务院颁布的《生态环境监测网络建设方案》、2016年国家发改委等九部委印发的《关于加强资源环境生态红线管控的指导意见》、2017年国务院印发的《关于划定并严守生态保护红线的若干意见》等相关政策。这些自然资源监管有关法律法规的修订完成，不仅逐步完善了农村生态环境领域监管法律法规体系，还明确了其监管部门的职责，强化了政府的问责机制和对企业等社会主体的违法处罚力度。从组织保障体系来看，政府在监管政策上不仅加强了对市场各个主体和客体的监管，也加强了对政府自身的监管。2018 年 10 月国务院印发了《党政领导干部生态环境损害责任追究办法(试行)》。新出台的考核办法在政府工作的业绩考核上加入了大量的生态指标,建立了生态环境损害责任终身追究制,对领导干部实行自然环境资产离任审计制度。

第二节　农业生态资本投资的现状分析

我国是一个农业大国,同时又是人口大国。长期以来,我国人地矛盾较为突出,粮食安全问题一直是我国面临的一个重要课题。农业是国民经济的基础,农业生态环境是农业生产可持续发展的重要条件,对我国粮食安全、经济发展和社会稳定等都具有重要的意义。农业生态环境需要农业生态系统的良性循环,而农业生态系统的良性循环取决于农业生态资本存量。由于我国农村地域辽阔,地形复杂,气候变化多样,农村生态环境相对脆弱,再加上农业人口众多,单纯依靠农业生态系统自身修复增值补充是远远不够的,必须依靠农业生态资本投资来增加生态资本存量。

由于农业生态资本投资概念提出较晚,国内外学者研究并不多。本书借鉴了严立冬的观点,认为生态资本投资是对生态资本价值的运用和消费,是为了生态资本收益最大化而进行的投资行为,并提出生态污染治理、生态恢复建设、生态技术研发等凡是能够增加生态资本存量的活动(资金或实物投入)均可视为生态资本投资。过渡到农业,农业生态资本投资是指增加农业生态资本存量的投资行为。这种投资行为范围非常广泛,研究表明农业生态污染治理、农业生态修复、农业生态补偿、农业生态文化培育和农村生态产业发展等活动均能够改善农村生态环境,增加农业生态资本存量。本节从农业生态污染治理投资、农业生态系统修复投资、农业生态保护补偿投资、农业生态文化培育投资和农村生态产业发展投资五个方面对农业生态资本投资的现状进行分析。

一、农业生态污染治理成效显著

从农业生态污染治理投资规模上来说,当前,我国农业生态环境问题日趋恶化，已经给我国农业生产、粮食安全和乡村振兴带来了严重的挑战。党的十九大报告提出实施乡村振兴战略，首次提出乡村生态振兴。2017 年 9 月中共中央办公厅、国务院提出“农业绿色发展”，要守住绿水青山、建设美丽中国，维系农村永续发展。

(一) 农业面源污染治理

2018 年 11 月，生态环境部、农业农村部联合印发《农业农村污染治理攻坚战行动计划》，对农业农村污染治理攻坚战做出部署。2021 年 4 月第十三届全国人大常委会第二十八次会议通过了《中华人民共和国乡村振兴促进法(草案)》，其中第三十三条规定：国家加强乡村生态保护，实施重要生态系统保护和修复工程，健全重要生态系统保护制度和生态保护补偿机制，改善乡村生态环境。政府在农业生态污染治理上投资规模之大，治理态度之坚决，实属罕见，农业环境污染治理取得了阶段性成效，农村生态环境得到了大幅度改善。2015 年以来，农业农村部组织开展化肥农药使用量零增长行动，经过 5 年的实施，截至 2020 年底，我国化肥农药减量增效已顺利实现预期目标，化肥农药使用量显著减少，化肥农药利用率明显提升。2020 年我国水稻、小麦、玉米三大粮食作物化肥利用率 40.2%，比 2015 年提高 5 个百分点；农药利用率 40.6%，比 2015 年提高 4 个百分点。图 2-1 数据显示我国 2000—2019 年农业生产要素投入水平。

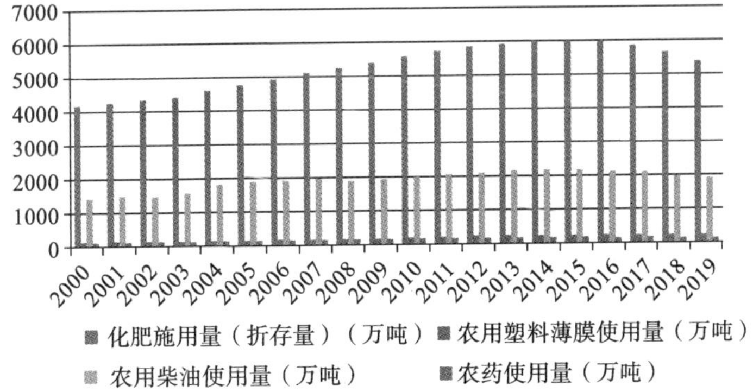

图 2-1 农业生产要素投入水平

数据来源：中国农业统计年鉴(2001—2020)

（二）农村环境污染治理

从农村环境污染来看，最重要的污染源来自农村生活垃圾。当前，随着农村生活水平提高，垃圾城镇化特点越来越明显，农村生活垃圾由易降解向不易降解转变，同时垃圾产生量大大增加，再加上垃圾回收率非常低，这些垃圾不仅使农村人居环境恶化，同时垃圾渗透液还通过降水直接进入河道，污染了地表水和地下水，导致农村生态环境恶化。近年来，按照国家相关部署，农村生活垃圾收运处置体系和生活垃圾分类试点工作取得了明显成效。表 2-1 数据显示，我国农村生活垃圾处理率呈现逐年递增态势。其中，建制镇的生活垃圾处理率和生活垃圾无害化处理率已经从 2015 年的 80.03%、44.99%分别增长至 2019 年的 88.09%、65.45%，分别提高了 10.07 个和 45.48 个百分点。2019 年全国乡的生活垃圾处理率和生活垃圾无害化处理率较 2015 年分别提高了 4.97 个和 141.91 个百分点。2019 年镇乡级特殊区域的生活垃圾处理率和生活垃圾无害化处理率较 2015 年分别提高了 40.36个和 314.76 个百分点，极大改善了农村生态环境和村庄面貌。

表 2-1　农村生活垃圾处理率

年份	生活垃圾处理率			生活垃圾无害化处理率		
	建制镇	乡	镇乡级特殊区域	建制镇	乡	镇乡级特殊区域
2015	80.03%	70.37%	63.85%	44.99%	15.82%	13.96%
2016	86.03%	70.37%	63.85%	46.94%	17.03%	27.39%
2017	87.19%	72.99%	72.64%	51.17%	23.62%	39.36%
2018	87.70%	73.18%	69.39%	62.18%	32.18%	39.86%
2019	88.09%	73.87%	89.62%	65.45%	38.27%	57.90%

数据来源：《2016—2020 年中国城乡建设统计年鉴》

二、农业生态系统修复蓬勃发展

农业生态系统是由多种二级结构组合复合而成的结构，包括①农业生物种群结构；②农业生态系统的类型结构，即某一区域内农田、草地、水域、森林等系统的组合结构；③农业生态系统的物质循环、能量转化的组合。农业生态系统是一个开放性的生态系统，与生态系统各个部分包括水体生态系统、森林生态系统、草地生态系统等都关联在一起，不可分割。在对农业生态资本进行投资的同时，必须考虑当地的草地、水域、森林生态资源的存量，农业生态资本存量的改善都建立在众多生态系统的基础之上。本节基于数据的可查性，主要从农田生态系统投资、土地生态修复投资、林地生态修复投资、草地生态修复投资和水体生态修复投资四大类来介绍。

（一）农田生态系统投资

农田生态系统是以农田为基础，由以农作物为主体的生物成分和以土壤、水分、空气、光热等为主体的非生物成分共同组成，以满足人类生存需要为目标，利用农田生物与非生物环境之间以及农田生物种群之间的关系来进行食物、纤维和其他农产品生产的半自然生态系统（李维炯等，1996；尹飞等 2006）。农田生态系统需要人工的播种、种植、栽培、管理直至收获这一连续不断的动态过程的反复进行来反映系统的稳定性，不同于自然生态系统自身可以维持其稳定性，农业生态系统全程需要大量人力介入。本节使用耕地指标的变化可以直观看出我国农田生态系统投资规模。图 2-2 为 2000—2019 年耕地面积数据。

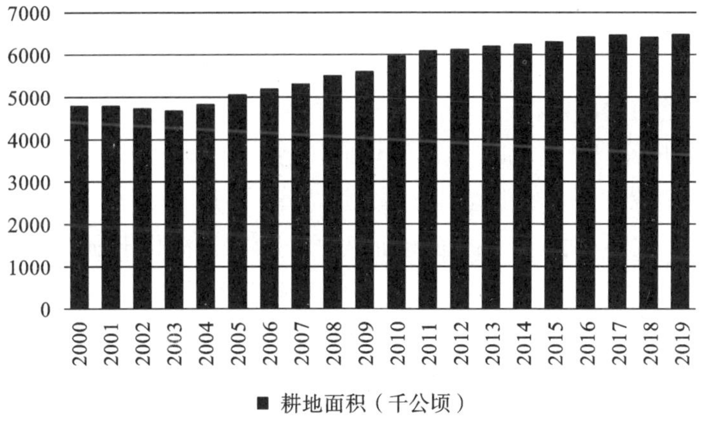

图 2-2　2000—2019 年耕地面积

(二) 土地生态修复投资

目前农业生态环境退化非常严重,尤其是土地生态系统的退化。土地生态系统退化表现在两个方面。一是水土流失特别严重。水土流失是指在水力、风力、重力等外力以及人类活动作用下,水土资源和土地生产力遭受的破坏和损失,包括土地表层土壤侵蚀以及水土损失。根据水利部组织完成的2019年度全国水土流失动态监测结果显示全国水土流失面积为271.08万平方千米,占全国国土面积的28.23%。图2-3为2000—2019年水土流失治理面积和除涝面积,可以看出国家十分重视水土流失治理。

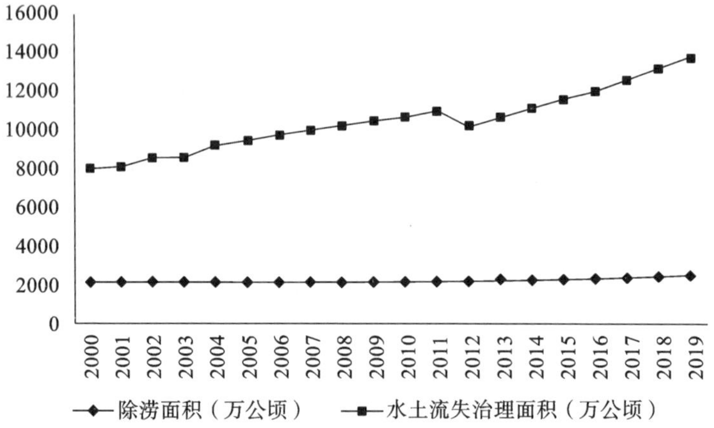

图2-3 2000—2019年水土流失治理面积和除涝面积

二是荒漠化问题。荒漠化是由于气候变化和人类活动等在内的种种因素造成的干旱、半干旱和亚湿润干旱地区的土地退化(UNCCD,1994)❶,从第五次全国荒漠化和沙化监测结果显示,截至2014年❷,全国荒漠化土地面积为261.16万平方千米,占国土面积的27.20%;沙化土地面积为172.12万平方千米,占国土面积的17.93%;有明显沙化趋势的土地面积为30.03万平方千米,占国土面积的3.12%。实际有效治理的沙化土地面积为20.37

❶ 干旱、半干旱及亚湿润干旱区是指年降水量与可能蒸散量之比在0.05~0.65的地区,但不包括极区和副极区,这就限定了荒漠化产生的背景条件和分布区域。

❷ 第五次全国荒漠化和沙化监测结果是笔者研究时的最新调查结果。

万平方千米，占沙化土地面积的 11.8%。

国家一直以来都实行比较严格的土地治理制度，这是由我国人多地少的国情决定的，也是贯彻落实科学发展观、保证经济社会可持续发展的必然要求。土壤保护事关广大人民群众“菜篮子”“米袋子”和“水缸子”的安全，事关农产品质量和人体健康，事关子孙后代生存安全，是重大的民生问题，因此要坚持生态保护优先、从国家战略高度重视土壤污染防治工作。从图 2-4 可以看出从 2000—2019 年国家土地治理项目费用整体呈现大幅度上升的趋势。

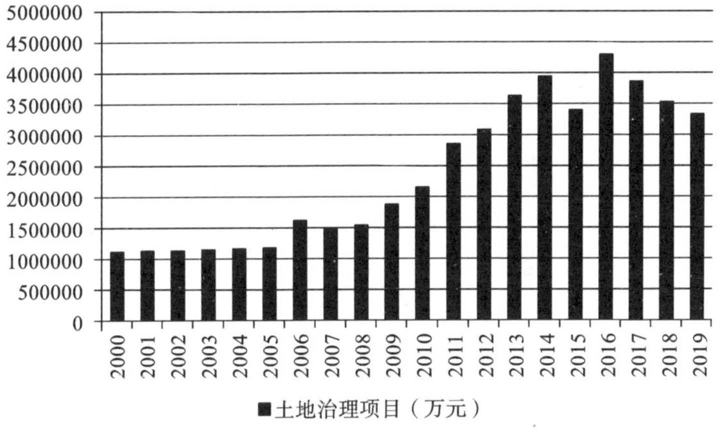

图 2-4　2000—2019 年土地治理项目经费投入

（三）林地生态修复投资

新中国成立以来，我国政府高度重视人工林的培育，采取了一系列政策措施，有力地促进了造林绿化工作的开展。中国人工林建设发展非常快，人工林的面积呈现持续增长的态势，人工林面积由第一次清查时的 2.369×10^7 hm^2 增长到第七次的 6.16884×10^7 hm^2，人工林面积增长了 1.6 倍，涌现了一批“三北防护林体系建设工程”“沿海防护林”“长江流域防护林”“国家储备林”“速生丰产林建设”等重点林业生态工程。经过几十年的不懈努力，中国人工林建设取得了巨大的成就，人工林面积居世界第一。中国从 20 世纪 90 年代消灭了森林资源赤字，开始走向森林面积和森林蓄积量“双增长”。这是生态资本投资对改善生态环境做出的重要贡献。从图 2-5 可以看出，国家林业重点工程造林面积、天然林保护工程和退耕还林工程来看，在2003年达到顶点。2003年全国共造林1.605亿亩，首次超过我国国土总面积的1%。自六大林业工程实施以来，国家对林业投入不断增加，2003年之后处于一个相对比较平稳的状态，国家意识到六大林业重点工程是维护国家生态安全的长远大计，必须始终把保证质量放在第一位，确保工程建设取得实效，造林观念从唯数量论转变为质量论。

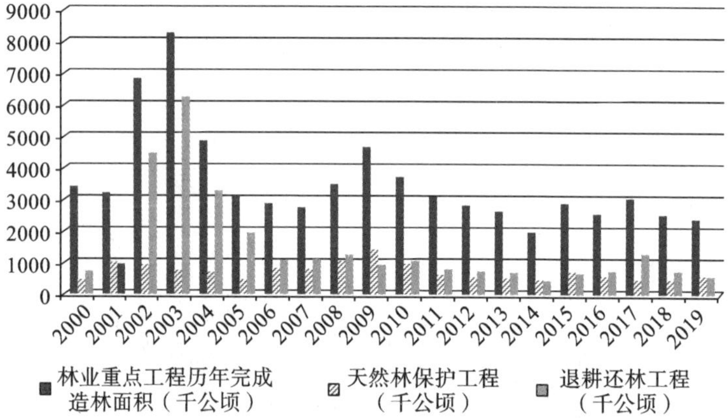

图 2-5　2000—2019 年国家林业生态系统修复投入情况

（四）草地生态修复投资

草地生态系统是一种重要的陆地生态系统，其生态系统服务主要表现在物质生产、碳汇、土壤保持、生物多样性维持、水源涵养、气候调节和养分循环等。20世纪60年代，超载过牧、毁草开荒等致使草地生态系统的物种多样性受到了极大的威胁。到20世纪70年代，中期草场退化面积占草地总面积的15%，20世纪90年代扩大到50.2%。到2000年，全国50%～60%的天然草地存在不同程度的退化。其中，覆盖度降低、沙化、水土流失、盐渍化等中度以上明显退化的草地面积约有 8.7×10^7 hm^2，约占全国草地面积的22%。通过适当的环境干扰（放牧强度控制）或者生态投资能够抑制优势种的优势度，有利于草地生态系统维持较好的物种多样性。图2-6可以看出，草地修复情况呈现比较稳定的状态。

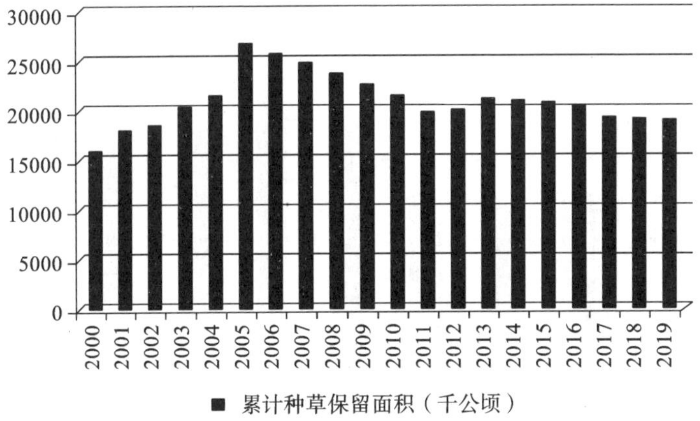

图 2-6　2000—2019 年草地修复情况

（五）农业生物多样性及栖息地修复

现代农业造成生物多样性降低，抗灾能力下降，大面积砍伐森林，垦殖草原和湿地，破坏生态演替的正常进行，对生物多样性的保护和持续利用产生破坏性的严重后果。现代农业大量使用化学物质，导致大量农田生物遭到灭顶之灾，如以前在田间地头大量存在的青蛙、蛇类、泥鳅、黄鳝以及各类飞鸟和昆虫等，如今在很多地方几乎绝迹。而造成农业生物多样性丧失的原因有自然因素与人为因素，就目前情况而言，人类活动是造成农业生物多样性损失的主要原因，如大量使用化肥、农药。对现代农业生物系统的多样性进行修复，最重要的是减少农业化学品的投入，同时要加大对森林资源、草地资源和湿地资源的保护投入，增强农业生态系统的稳定性，保持农业生物多样性。基于数据的限制，本节选用了野生动植物保护及自然保护区投入经费作为衡量的指标，图 2-7 为 2011—2018 年国家对生物多样性及栖息地修复情况，说明国家对物种多样性保护非常重视。

三、农业生态保护补偿投资积极探索

自 20 世纪 90 年代以来，为治理水土流失、改善生态环境，我国实施了一系列农业生态补偿政策，先后启动了退耕还林工程、天然林保护工程、退耕

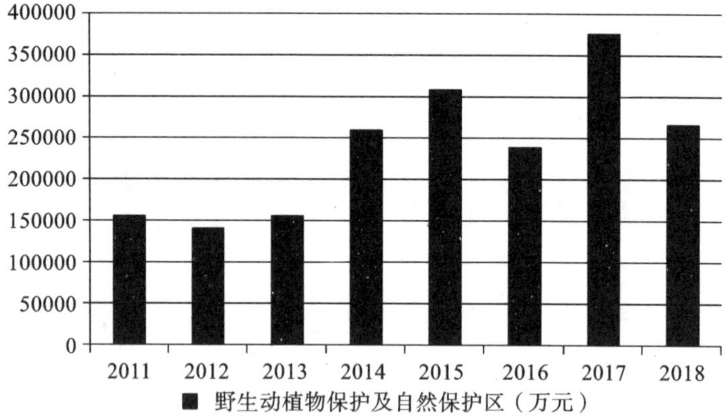

图 2-7　2011—2018 年生物多样性及栖息地修复

还草工程、“三北”防护林体系建设工程、京津风沙治理工程等一系列生态建设工程，实行了退耕还林粮食和现金补助政策、生态公益林补偿金政策、扶贫生态补偿政策、生态移民补助政策、耕地占有补偿政策、三江源保护工程经济补助政策、流域治理与水土保持补助政策等相关政策措施，全面开始了我国农业生态补偿的实践。例如退耕还林工程于 1999 年在四川、陕西、甘肃 3 省进行试点，2000 年在西部 13 个省市 174 个县（市）实施，2003 年则将地域范围扩大到 25 个省（市、区）及新疆生产建设兵团，国家已投入 2300 多亿元，其中给农民粮食和现金补助预计达 2000 亿元，种苗补助约 250 亿元。而在天然林保护工程中，人工造林一期工程投入标准为：长江上游地区每亩 200 元，黄河上中游地区每亩 300 元。二期工程将上述两个地区投资标准统一为每亩 300 元。封山育林一期工程投入标准是每亩 70 元（中央投入每亩 56 元），二期工程中央预算内投资标准提高到每亩 70 元。飞播造林一期工程投入标准是每亩 50 元，二期工程提高到每亩 120 元。截至 2020 年底，天然林建设资金投入 2440.2 亿元，其中中央投入 2195.2 亿元，地方投入 245 亿元。自我国农业生态补偿工程实施以来，国家在政策、资金、物资和技术方面提供了前所未有的大力支持，部分地区已取得明显成效，突出地表现在水土流失面积得以控制、生态环境逐步改善等方面。图 2-8 为 2011—2018 年生态保护补偿情况。

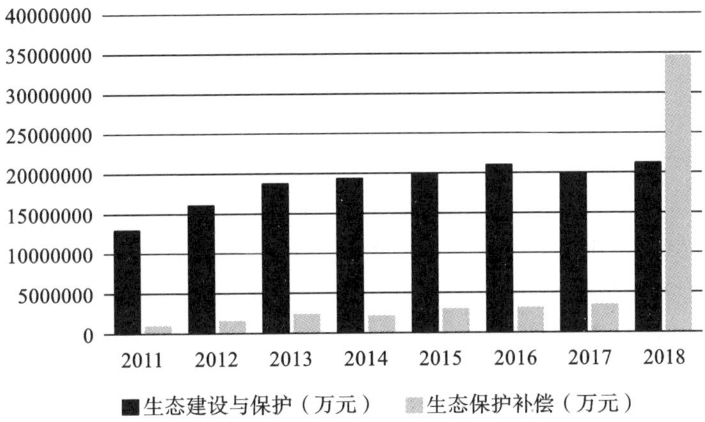

图 2-8　2011—2018 年生态保护补偿情况

四、农业生态文化培育投资相对落后

（一）农村主体农民的生态文化意识淡薄

党的十九大提出实施乡村振兴战略，对解决农业农村农民问题提出了明确的要求，即“产业兴旺、生态宜居、乡风文明、治理有效、生活富裕”，涉及新时代农村发展的各个方面。农村生态文明是全体农民必须共同参与建设的事业，农民应把建设美丽中国内化为自己的行动。农民作为农村的主体，是农村生态环境的保护者、建设者以及受益者，不能置身事外。由于受小农经济观念的影响和缺乏生态科学知识的普及教育，农民对短期经济效益较为看重，未意识到生态建设对经济和社会发展产生的长期效益。甚至部分农民还引发了一些破坏自然环境的行为。例如，为增加农产品产量和提高收入，部分农民大量使用农药和化肥，严重破坏了土壤资源。

（二）农村生态文化建设的专业人才匮乏

人才在建设农村生态文化中具有第一资源的作用。近年来，随着农村不断发展，尽管农村文化产业的数量和人员呈逐年上升趋势，但是农村生态文化建设的人才仍然缺乏。并且我国农村文化建设现有的从业人员大多为本地人，专业程度不高，具备较少的相关技能。由于缺乏相关人才，农村生态环境保护与治理的宣传、普及等工作难以有效开展，生态科学相关知识也无法进行持久、深入、有效的普及宣传。同时，生态文化建设的人才资源匮乏，导致对当地具有生态内涵的历史文化遗存挖掘和保护力度不足，未充分发挥地方特色优势。

（三）农村生态文化基础服务设施建设不足

资金保障力度不够是导致农村地区基础设施建设薄弱的重要因素。目前，多数农村地区缺乏文化活动场所，由于缺乏资金投入，不少农村文化阵地存在生态文化基础设施建设不完善的情况，缺乏相关文化活动的配套设施，文化产品供给的有效性不高，农民群众的精神文化生活较贫乏。因此，我们要统筹城乡发展，在文化生活安排、文化设施布局以及文化产品生产等方面加大经费的投入力度，不断完善农村地区的文化基础设施建设，不断丰富农村群众的娱乐方式，提升其生态文化素养。

五、农业生态产业投资初成规模

1981 年，中国农业生态环境保护协会在江苏常熟召开研讨会，提出“发展生态农业，开创农业环境保护工业新局面”的倡议书。一些高等院校和科研单位以及一些县开始探索生态农业。北京市环境保护科学研究所在北京大兴区留民营村建立了生态农业试点，建立中国第一个生态农业村。自此农业生态化发展开始进入大规模的探索发展阶段。2008 年第十七届中央委员会第三次全体会议提出，要发展“资源节约型、环境友好型农业”，标志着我国农业生态产业发展进入新时期。“两型”农业的提出极具中国特色，是对农业生态资源节约化利用与农业生态环境系统化保护发展道路的积极探索。与欧美国家提出的生态农业、循环农业等概念相比，内涵更广，涉及农业生产、生活、生态空间的协调运作。此后，中国农业发展政策文件将提升生态效益逐步纳入与经济效益、社会效益相匹配的农业发展目标中，生态农业、循环农业、低碳农业等农业生态资本运营典型模式得到迅速发展，农业生态资本投资进入新的快速发展期。图 2-9 为 2014—2019 年农业生态产业发展情况。

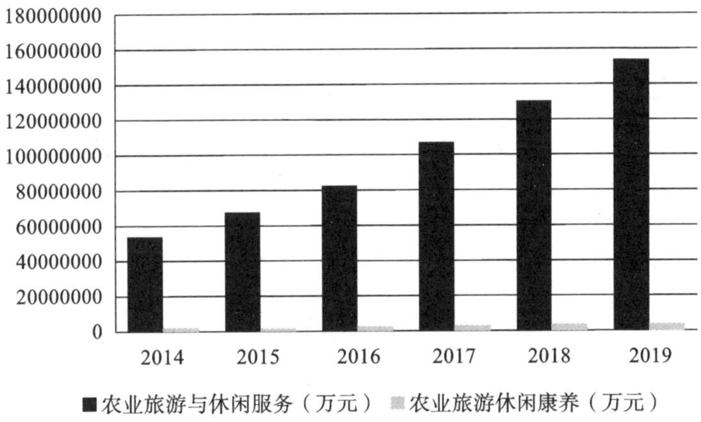

图 2-9　2014—2019 年农业生态产业发展情况

第三章　农业生态资本投资水平指标体系构建与评价

第一节　农业生态资本投资水平测算的指标体系构建

农业生态资本投资是指诸如农业生态基础设施投资、农业生态修复、农业环境污染治理投资等方式，改善和提高农业农村生态的涵养水源、调节气候、减少水土流失和保持生物多样性等生态服务能力，增加农业生态资本存量和改善优化农业农村生态系统服务功能。

生态作为一个复杂的系统，其组成要素种类繁多，又彼此相连，各个组成要素相互作用，由此产生多种多样的支持生物生存和发展的生态系统功能。农业生态资本投资作为影响生态系统的一种外部因素，究竟会对生态系统尤其是农业农村生态系统产生怎样的影响以及影响效应如何，仅仅从某一单一指标很难做出相对全面和准确的衡量。因此，基于研究的目的构建农业生态资本投资的生态效应指标体系成为从生态视角研究农业生态资本投资的不二选择。

农业生态资本投资指标体系构建是农业生态资本投资研究的一个全新的探索领域，可以为农业生态资本投资相关研究领域提供一种研究思路，同时，该指标体系的构建能为农业领域以及“三农”研究相关部门决策者提供参考和借鉴。

一、评价指标设置思路

农业生态资本投资，其基本内涵和外延在现有研究中还没有定论。而不同的基本内涵和外延导致研究视角、研究方向以及研究内容的不同。根据前文对农业生态资本投资内涵的界定及实现机理，结合现有研究成果，本书以整体性和部分性的相互关系作为指标选取方向。整体性研究以整个自然环境作为研究整体，部分性研究结合研究对象以农业农村生态环境作为分部研究对象，综合考虑整体性和部分性的相互关系，力求达到指标选取的完整性。因此，该部分研究内容以自然环境和农业农村生态环境作为系统的二级评价指标。

在选取两个二级评级指标的分指标即三级评价指标时，要遵循以下原则。

（1）科学性与完整性。评价指标体系构建的科学性是评价指标体系作为研究对象合理性的前提，这样才能得出科学合理的研究结果，才能得出具有一定研究价值的结论。科学性原则即在完备的科学理论指导下，以科学的研究方法选取研究视角，从指标选取到指标权重的确定以及最终的结果都要科学合理。另外，指标的选取要注重完整性，即指标的选取不能出现重大的缺失，要力保指标选取完整以尽可能达到分析的全面性。当然，完整性并不是说指标选取得越多、越完整越好，过多的评价指标不但不能准确衡量研究对象，反而增加研究的烦琐性，不利于实现研究目标。为此，完整性原则是在科学性理论指导下，结合研究目的和理论基础之后确立的。

（2）代表性与可操作性。代表性原则与完整性原则并不矛盾，完整性原则要求指标尽量反映研究内容的所有方面，而代表性原则是要求所选取的指标具有代表性，而不是全部选取研究内容某一方面的全部指标。代表性指标具有以下特点。首先选取的指标要简洁，同时指标要尽可能反映较多的信息。其次，所选取的指标不能因为要求简洁而不能全面反映研究内容，同时还要避免指标内容的重复性、相关性，以免造成指标体系过于繁杂，不利于实际操作，造成评价结果的偏差。可操作性原则，即选取指标时要根据指标数据获取的难易程度，选取数据全面、容易获得的指标，以此减少主观性指标带来的偏差。可操作性原则要求在评价指标选取时要避免不可量化的指标，多选取可量化的指标，便于在实际操作中获得连续性、可比较的可量化数据，为相同指标的纵向和横向比较得出研究结论做铺垫。

二、评价指标设置原则

(一)全面原则

构建的指标体系应较全面、充分地反映整个农业生态系统的复杂内涵,表征出系统内各个主要环节的运转过程,包括系统内能量流、物质流、价值流的发展水平和投入产出情况。指标体系既能反映局部、当前、单项的特征,又能反映全局、长远、综合的特性,并且能够客观地反映农业在生产过程中手段与目的之间形成的固有关系。

(二)动态原则

农业生态评价指标应反映系统静态状况,同时重点从动态的角度来反映和评价系统的效益。评价的结果既能直接反映系统的质量水平,又能尽可能全面反映系统表现属性及相互关联作用。综合评价的结果既能说明系统的现状,又可以预测系统的发展趋势,还要能反映出系统的应变能力和稳定性。

(三)层次原则

评价指标的选择应侧重于那些能表现系统结构改善和功能发挥的因子,评价的判断标准应是系统效益是否整体趋优,评价的重点应以农业生态系统的结构和功能为准,全面反映农业内容、过程和效果。农业受地域和自然环境的影响很大,农业生态系统评价的目的是挖掘人为作用和自然资源的潜力、综合因素的开发利用水平。为提高横向、纵向评价的可比性,评价指标还要适当抽象,以相对效率作为评价的主要依据,尽量剔除因特殊自然资源对系统的作用而出现的特殊情况。

三、评价指标选取及数据说明

生态资本投资这个概念提出的时间不长,国内外学者研究并不多。本书采用了严立冬对生态资本投资的概念界定,认为生态资本投资是指通过生态恢复建设、环境污染治理、生态技术研发等活动,使生态资本存量增加的投资行为。在此基础上本书将农业生态资本投资分成五类,即农业生态污染治理投资、农业生态系统修复投资、农业生态保护补偿投资、农业生态文化培育投资和农村生态产业建设投资。

(一)农业生态污染治理投资

农业生态污染治理投资是农业生态资本投资的关键内容,主要包括农村生活环境治理和农业生产环境治理。我国是一个农业大国,同时又是一个人口大国,长期以来,我国人地矛盾较为突出,粮食安全问题一直是我国面临的一个重要课题。农业是国民经济的基础,农业生态环境是农业生产可持续发展的重要条件,对我国粮食安全、经济发展和社会稳定等都具有重要的意义。当前,我国农业生态环境问题日趋恶化,主要体现在农业面源污染、农业生态环境退化和农村环境污染这三大方面,已经对我国的农业生产和粮食安全构成了威胁。因此,农业生态污染治理是农业生态资本投资的关键内容,也是首要任务。本书从农村生活环境治理和农业生产环境治理两个方面选取指标来表征农业生态污染治理投资。关于农村人居环境治理是否应当纳入农业生态环境治理目前尚存争议。本书认为农村人居环境治理投资应当纳入农业生态环境治理,主要原因如下:首先,农业环境和农村环境无法严格区分其边界,两者交互影响,彼此依存;其次,随着农村生活水平的提高,其产生的垃圾城镇化特点越来越明显,农村生活垃圾由易降解向不易降解转变,垃圾产生量大大增加,再加上农村垃圾回收率非常低,垃圾渗透液随着雨水直接进入河道,污染农村地表水和地下水,给农业生态环境造成很大的破坏;最后,近几年国家发布的农业污染治理的文件都把农村生活环境治理作为非常重要的治理内容,如2018年生态环境部、农业农村部发布的《农业农村污染治理攻坚战行动计划》等。从农业生产环境治理投资角度来看,选取了化肥施用量(万吨)、农药使用量(吨)、地膜使用量(吨)、水库库容积(亿立方米)和除涝面积(万公顷)。从农村生活环境治理投资角度来看,选取了农村改水投资(万元)、农村改厕投资(万元)和沼气池产气总量(万立方米)来表征。

(二)农业生态系统修复投资

农业生态系统修复投资主要是指对受损农业生态系统的修复,是农业生态资本投资的基本内容,主要包括农田生态系统修复、土地生态系统修复、林地生态系统修复、草地生态系统修复、水体生态系统修复和生物多样性及栖息地修复。农业生态系统是陆地生态系统中重要的生态系统之一，它为人类提供了生存所需要的食物以及多种生态系统服务。但是，与其他生态系统不同，农业生态系统受到人类生活的强烈干预，会对人类社会和自然环境产生各种影响，同时农业生态系统与森林、草地、湿地等生态系统息息相关，构成一个整体。因此本书在考虑指标选取时，采用了局部和整体的思路，从局部选取了农田生态系统的表征指标：农作物播种面积（万公顷）、农业耕地面积（万公顷）、农业用水量（亿立方米）、有效灌溉面积（万公顷）和农作物病虫草鼠防治面积（千公顷次）。从生态系统整体角度出发选取了土地生态系统修复、林地生态系统修复、草地生态系统修复、水体生态系统修复和生物多样性及栖息地修复的指标。其中：土地生态系统修复选取土地治理项目（万元）、生态退耕（万亩）和防沙治沙（万元）三个指标表征；林地生态系统修复选取造林面积（万公顷）、森林抚育（万元）两个指标表征；草地生态系统修复选取累计种草保留面积（千公顷）来表征；水体生态系统修复选取水保与生态（万元）来表征，生物多样性及栖息地修复选取野生动植物及自然保护区投资完成额（万元）、自然保护区面积（万公顷）和湿地保护与恢复（万元）三个指标来表征。

（三）农业生态保护补偿投资

农业生态补偿投资是为了平衡农村生态保护者和破坏者之间的经济利益关系，是农业生态资本投资的前提和制度保障，选取生态保护补偿指标来表征。由于农业生态环境和自然资源具有公共品或准公共品的性质，而改善农业生态环境和保护自然资源是一种具有正外部性的行为，一部分人完全可能在不付任何代价的情况下，享受到因为农业生态环境保护者的付出而带来的农业生态系统服务效益。为了防止这种不公平现象出现，并激励人们在发展生产的同时保护好农业生态环境，就必然要建立一种机制对农业生态环境保护者所支付的额外成本和丧失的发展机会予以补偿。因此，从经济学角度可将农业生态补偿表述为：农业生态补偿就是农业生态效益补偿，利用一定的政策、法律手段实行农业生态保护外部性的内部化，让农业生态产品的消费者支付相应费用，农业生态产品的生产者、供应者获得相应报酬；通过制度设计解决好农业生态产品消费中的“搭便车”现象，激励公共产品的足额提供；通过制度创新使农业生态投资者获得合理回报，激励人们投资生态环境保护，并使农业生态资本增值。因此，农业生态补偿是农业生态资本投资的前提和制度保障，对提升农业私人生态资本投资的积极性有着重要意义。由于数据限制，本书选取的农业生态资本投资指标来自中国农林数据库的生态保护补偿（万元），来自国家林业和草原局的统计。本书认为，该指标虽然不能严格代表农业生态保护补偿的具体内容，但其与农业生态保护补偿的数据方向是一致的，能够反映农业生态保护补偿的力度。故选取该指标作为退耕还林补助资金（万元）、水土保持补偿资金（万元）和生态公益林补偿面积（千公顷）的代理变量。

（四）农业生态文化培育投资

农村生态文化培育包括生态意识的培养、文化素质的提高、生活方式的转变、文化活动的丰富。培养健康的生态意识，帮助农民树立正确的生态意识、环保意识，转变农民的思想观念和思维方式，增强农民绿色发展理念的自觉性和主动性，逐步形成符合生态文明理念的价值观念取向，奠定农村生态文明建设的文化基石。农村生态文明建设对农民的影响是由表及里、由物质层面到精神层面的，最终体现为文化素质的提高。采取多种形式培育新型职业农民、提升农民工职业技能，普及现代科学技术和文化知识，使农民适应现代农业发展需要，不断提高农民群众的科学文化素质。转变农民生活方式，农民在参与农村生态文明建设过程中，应强化公民意识、环保意识、公德意识、公共意识，学习现代科学文化知识，从而使其行为发生重大改变，社会生活和人的行为得到规范，生活方式向着勤俭节约、绿色环保、健康文明的方向发展，杜绝铺张浪费和不必要消费的行为。丰富农民文化活动，在农村开展丰富多彩、形式多样的文化活动，普及科学知识，把党的政策、优良道德、科学技术、法制教育、先进文化、卫生习惯等传播到农村中，在农村倡导移风易俗，积极提倡正确的婚恋观、家庭观和生育观，婚事新办、丧事简办，摒弃陈规陋习，树立文明新风。

农业生态文化培育投资将促进农村居民生态文化素质的提高，让环保意识深入人心，让农民从内心深处认可对环境保护的投入，从而根除“经济至上"、为了"经济利益牺牲环境"的观念，这对农业生态资本投资的可持续发展有着重要的意义。本书在指标层选取上从生态文化宣传和生态文化教育两个方面着手，生态文化宣传上选取了环境社会宣传活动次数(次)、当年开展社会环境宣传教育活动人数(人)，而生态文化教育上选取了环境教育基地个数(个)来表征。

(五)农村生态产业建设投资

农村生态产业建设投资是农业生态资本投资收益的价值实现形式，是农业生态资本投资的动力和源泉。农业生态产业指的是绿色生态农业，以及绿色资源优势向发展优势的转化。绿色生态农业既重视发展的过程，考虑环境、资源约束力的问题，又考虑到发展的结果，其中产品的安全性是一个重要的结果。因此，绿色生态农业最根本的就是增加农业生态产品要素和生态服务要素，坚持科学发展观，走可持续发展道路，通过先进的科学技术和科学的管理方式，将乡村生态环境资源的优势最大化合理地开发利用，为人们提供更多更好的绿色、安全、健康、优质的绿色生态产品和服务，促进生态和经济良性循环。坚持绿色资源优势向发展优势的转化。"把农村丰富的生态资源转化为农民致富的绿色产业，把生态环境优势转化为生态农业、生态工业、生态旅游等生态经济的优势，那么绿水青山也就变成了金山银山"。做长产业链条，促使传统农业向第二、第三产业延伸，有效增加农民收入。做实第二产业，发展以农作物、畜产品为原料的食品深加工，提高农产品的附加值，在优势农产品产地打造食品加工产业集群，促进经济转型升级，实现可持续发展。做大第三产业，从吃、住、行、游、购、娱六方面入手，发掘当地的特色美食，改善农村的基础设施，大力开展村庄绿化，保护传统村落，维护村寨原有的独特风貌，增强农村对城市居民的吸引力，大力发展乡村休闲游、生态游、文化游、养生游，实现乡村产业的生态化、乡村生态的产业化。考虑到数据的可得性，本书在指标层选取上从生态农业发展和农业产业化经营两个方面着手选取相关指标，农业产业化经营选取了农村产业化经营投入(万元)，农业生态发展选取了农业企业个数(个)、当年认证绿色食品个数(个)、农业地理保护品牌个数(个)、林业旅游休闲康养(万元)，部分数据某些年份存在缺失的情况，本书采用了线性插值法补值。农业生态资本投资水平评价指标体系见表3-1。

表3-1　农业生态资本投资水平评价指标体系

目标层	准　则　层	指　标　层	指标要素层
农业生态资本投资	农业生态污染治理投资	农业直接污染治理	化肥施用量(万吨)
			农药使用量(吨)
			地膜使用量(吨)
			水库库容积(亿立方米)
			除涝面积(万公顷)
		农业间接污染治理	农村改水投资(万元)
			农村改厕投资(万元)
			沼气池产气总量(万立方米)
	农业生态系统修复投资	农田生态系统修复	农作物播种面积(万公顷)
			农业耕地面积(万公顷)
			农业用水量(亿立方米)
			有效灌溉面积(万公顷)
			农作物病虫草鼠防治面积(千公顷次)
		土地生态系统修复	土地治理项目(万元)
			生态退耕(万亩)
			防沙治沙(万元)
		林地生态系统修复	造林面积(万公顷)
			森林抚育(万元)
		草地生态系统修复	累计种草保留面积(千公顷)
		水体生态系统修复	水保与生态(万元)
		生物多样性及栖息地修复	野生动植物及自然保护区投资完成额(万元)
			自然保护区面积(万公顷)
			湿地保护与恢复(万元)

续表

目标层	准则层	指标层	指标要素层
农业生态资本投资	农业生态保护补偿投资	生态保护补偿	退耕还林补助资金(万元)
			水土保持补偿资金(万元)
			生态公益林补偿面积(千公顷)
	农业生态文化培育投资	生态文化宣传	环境社会宣传活动次数(次)
		生态文化教育	当年开展社会环境宣传教育活动人数(人)
			环境教育基地个数(个)
	农村生态产业建设投资	产业化经营投入	农村产业化经营投入(万元)
		农业生态产业建设	农业企业个数(个)
			当年认证绿色食品个数(个)
			农业地理保护品牌个数(个)
			林业旅游休闲康养(万元)

本研究采用年度数据，为了检验农业生态资本投资的环境溢出效应，同时考虑数据的可取得性，选择研究样本为1998—2018年间中国30个省、自治区和直辖市(不含香港、澳门和台湾地区，西藏由于数据缺乏，也没纳入研究样本)的面板数据，主要来自中国官方公布的数据:《中国农业统计年鉴》《中国统计年鉴》《中国环境统计年鉴》《中国水利统计年鉴》《中国财政统计年鉴》《中国林业统计年鉴》及各省各年统计年鉴。其中部分指标在某些年限存在缺失的情况，采用线性插值法进行补值。然后采取熵权法计算农村生态资本投资综合指数来表征农村生态资本投资水平。

第二节　农业生态资本投资水平的测度

一、测度方法的选择

农业生态资本投资是由多维度、多指标构成的系统性指标体系，而对指标体系的测算需要先对各个指标赋权重，然后才能测算指标体系综合指数。常用的指标赋权方法主要分为主观赋权法、客观赋权法和主客观赋权法（或组合赋权法）三大类。不同赋权方法会因为各评价指标权重的不同而产生不同的评价结果，进而影响评价结果的准确性和可靠性。因此，选取适合研究对象的赋权方法是确保研究结果准确可靠的前提。主观赋权法是研究者根据自己的主观价值判断来确定评价指标权重的一种方法。常见的有专家调查法（又称德尔菲法）、层次分析法、模糊分析法、环比评分法（又称DARE法）、二项系数法、指数平滑法、最小平方法等方法。主观赋权法根据专家自身知识结构、决策者偏好给予各指标不同重要性程度的排序，从而确定各评价指标的权重。主观赋权法体现了主观性在指标赋权中的重要作用。但是在主观赋权过程中决策者主观随意性大，会出现主观性逻辑混乱、决策者态度单一等问题。而且决策者在决策过程中完全脱离实际数据，仅凭决策者的经验和专业知识，缺乏科学性，极易造成主观偏好过强的情形。这种由于专家个人因素而产生的评价偏误并不会因评价专家数量的增加而减小，同时还可能因专家数量的增加产生截然不同的评价结果。主观赋权法一般用于信息不能准确量化和数据收集困难的量化情形中。

客观赋权法是根据实际观察数据采用数理统计方法处理而得到指标权重的方法。主要有主成分分析法（也称主分量分析法）、变异系数法、秩和法、秩和比法、熵值法、最大离差法等方法。

每种赋权方法都存在各自的优缺点，而如何选择赋权方法，不同学者针对不同问题均提出不同见解。从现有研究可以发现，就赋权方法而言，研究者总是试图寻找一种能综合反映主观和客观信息的统计方法，以求能尽最大可能获取研究数据，使指标权重科学、合理、有效。但是，完美的研究方法对研究某一问题来说不一定是最佳的选择。本书认为，选取指标权重的赋权方法，重要的是要考虑研究的目的、数据的性质以及研究方法的可操作性等，而不是仅仅追求赋权方法的完美。由于本节中测度农业生态资本运营水平的目的在于比较不同区域间农业生态资本投资水平差异。现阶段人类对生态规律的掌握仍处于探索阶段，为保持农业生态资本投资水平的客观性，在指标选取过程中更多的是基于能力观的视角在相关统计数据中进行筛选。因此，客观赋权法更适合本书农业生态总资本投资水平测度研究的需要。在综合评价指标运用中，熵权法作为一种客观赋权方法，它利用各指标的熵值所提供的信息量的大小来决定指标权重；运用熵权法赋权可以避免人为因素的干扰，克服现阶段指标评价过多受人为因素干扰的弊端，因此评价结果更符合实际；同时，通过对各指标熵值的计算，可以衡量指标信息量的大小，从而确保所建立的指标能反映绝大部分的原始信息。故本节农业生态资本投资水平测度研究拟采用熵权综合指数法进行。

二、熵权综合指数法建模思路

本书借助熵值法，将投入、产出变量中涉及多个维度的指标综合为一项指数，从而减少投入、产出指标的数量，提高数据包络分析法测算的精确度。熵值法是一种客观的赋权方法。熵原本是热力学概念，是对系统状态不确定性的一种度量，后来由申农引入信息论，称为信息熵。传统熵值法多用于处理截面数据，对于面板数据处理并无统一的方法。本文借鉴杨丽等(2015)改进的熵值法模型，来进行指数的测算。具体利用熵值法计算权重的方法如下。

设有 r 个年份，n 个研究对象，m 个评价指标，则 $x_{\theta_{ij}}$ 为第 θ 年第 i 个研究对象的第 j 个评价指标的评价值。

第一步，标准化处理。由于本研究涉及指标均为正向指标，具体处理方法见式(3-1)：

$$x'_{\theta_{ij}} = \frac{x_{\theta_{ij}} - x_{\min}}{x_{\max} - x_{\min}} \tag{3-1}$$

第二步，确定指标权重。计算第 i 个研究对象在第 θ 年第 j 个指标的指标值的比重，见式(3-2)：

$$y_{\theta_{ij}} = \frac{x'_{\theta_{ij}}}{\sum_{\theta}\sum_{i} x'_{\theta_{ij}}} \tag{3-2}$$

第三步，计算第 j 个指标的熵值 e_j，见式(3-3)：

$$e_j = -k\sum_{\theta}\sum_{i} y_{\theta_{ij}} \ln y_{\theta_{ij}} \tag{3-3}$$

其中，$k=\frac{1}{\ln(rn)}$，$k>0$；ln 为自然对数；$e_j\geqslant 0$，熵值 e_j 越小，说明指标值的变异程度越大，相应地提供的信息量越多。

第四步，计算第 j 个指标的熵权 w_j，见式(3-4)：

$$w_j=\frac{(1-e_j)}{\sum_{j=1}^{n}(1-e_j)} \tag{3-4}$$

第五步，确定指标的综合指数 z_{θ_i}，见式(3-5)：

$$z_{\theta_i}=\sum_{j}(\omega_j x'_{\theta_{ij}}) \tag{3-5}$$

第三节　农业生态资本投资测算结果分析

本小节利用 Stata 16 软件，采用熵权法对我国 30 个省(不包含西藏及港澳台地区)1999—2018 年的农业生态资本投资进行测算，从时间、省际以及区域视角分别分析农业生态资本投资的内在特征和变化规律。

一、时间演化分析

笔者分析我国 1999—2018 年农业生态资本投资水平随时间变化的趋势，如图 3-1 所示，可以得出以下规律。

(1) 1999—2018 年我国整体区域农业生态资本投资水平为 0.19～0.24，平均值呈现上升状态，2007 年农业生态资本投资水平最低。1999—2007 年农业生态资本投资水平水平在经历小幅波动之后，从 2007 年开始保持稳定的上升态势，并在 2016 年达到最大值 0.2318。2010—2016 年农业生态资本投资水平均值总体波动上升，2016 年以后农业生态资本投资水平均值又开始下降。

(2) 1999—2017 年我国农业生态资本投资水平虽然总体上保持上升的趋势，但是整体水平依然较低，这说明我国农业生态资本投资效率不高，农业生态资本投资转化成经济生态效益过低，我国农业生态资本投资水平还有很大的提升空间。

(3) 值得注意的是,我国农业生态资本投资水平由 1999—2007 年的波动下降状态转变为平稳上升趋势,并在之后几年快速上升。这可能是因为 2007 年之后我国出台的一系列推进生态文明建设的政策助推了农业农村污染治理以及农业的绿色转型和生态化发展。

图 3-1　1999—2018 年农业生态资本投资水平

为了更直观地展示农业生态资本投资水平变化趋势,本文利用 Stata 16 软件绘制我国 1999—2018 年我国 30 个省(市、区)农业生态资本投资水平。由图 3-2 可知,我国 1999—2018 年农业生态资本投资水平的省级差异比较明显,总体呈上升趋势的有上海、内蒙古、北京、天津、宁夏、山西、广东、江西、河北、河南、浙江、海南、湖南、甘肃、福建、贵州、陕西、青海、黑龙江。而呈下降趋势的有云南、吉林、四川、安徽、山东、广西、新疆、江苏、湖北。

二、省际差异分析

本文运用熵权法对 1999—2018 年 30 个省(市、区)的农业生态投资水平进行了测度,采用 Stata 16 得出其时序变化(图 3-2),农业生态资本投资排名见表 3-2。由熵权综合指数的定义可知:熵权综合指数值越小,表明农业生态资本投资水平越低;熵权综合指数值越大,表明农业生态资本投资水平越高。熵权综合指数平均值最大的地区是山东,其值为 0.569658515;其次为江苏,其值为 0.54505646,再次为河北,其值为 0.513950205。而熵权综合指数平均值最小的地区为宁夏,其值为 0.05898435,排名为第 30 位。甘肃综

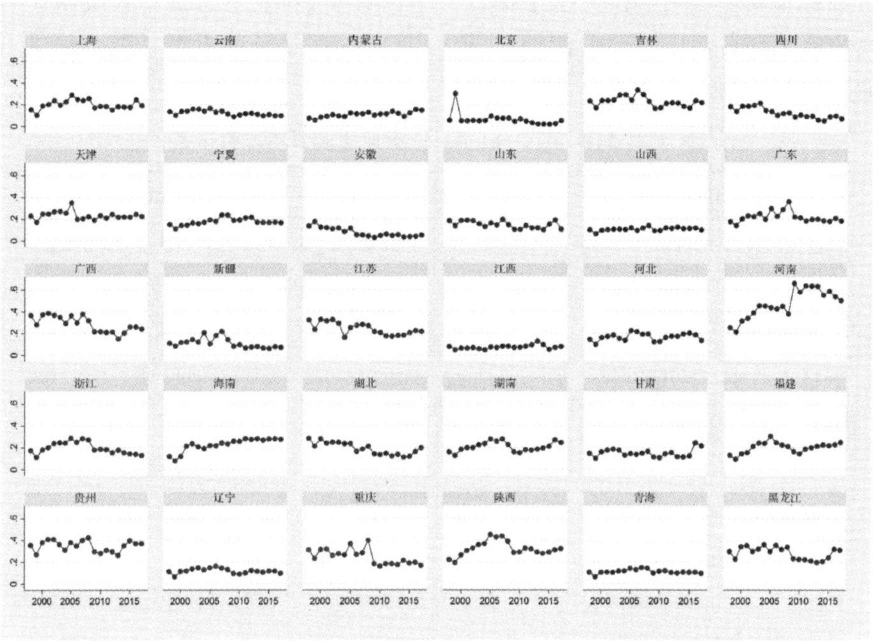

图 3-2　1999—2018 年我国 30 个省(市、区)农业生态资本投资水平时序变化

合指数平均值为 0.18043559，排名第 29 位，天津其综合指数平均值为 0.0580778，排名第 28 位。考察期内综合指数平均值在 0.20～0.50 之间的省份分别为河南、黑龙江、广东、安徽、浙江、四川、湖北、湖南、辽宁、云南、陕西、吉林、福建，表明这些省份在全国范围内以上地区的农业生态资本投资位于全国研究省份生态环境质量的中等偏上位置，说明全国范围内以上省份的农业生态资本投资质量较好。而重庆、山西、广西、新疆、上海、江西、贵州、海南、北京、内蒙古、天津、青海、甘肃、宁夏等省份在全国范围内以上地区的农业生态资本投资位于全国研究省份生态环境质量的中等偏下位置，说明全国范围内以上省份的农业生态资本投资质量较差。

从农业生态资本投资平均水平来看，河北、江苏、山东等省农业生态资本投资水平最高。从我国农业历时发展来看，这些省份是我国农业大省，农业投入规模庞大，农业配套建设也很完善，农业市场化建设相对比较先进，资源配置效率包括农业生态资本投资在内，相对比较高。而宁夏、青海、甘肃等省农业生态资本投资水平偏低。可以看出，农业生态资本投资水平较高的地区分布在中部和东部地区，而农业生态资本投资水平较低的地区分布在西部地区。

表 3-2 我国 30 个省(市、区)农业生态资本投资排名

地 区	平均综合指数	排 名	地 区	平均综合指数	排 名
山东	0.569658515	1	福建	0.20369901	16
江苏	0.54505646	2	重庆	0.196892105	17
河北	0.513950205	3	山西	0.03626571	18
河南	0.45645179	4	广西	0.179041125	19
黑龙江	0.427177765	5	新疆	0.16943512	20
广东	0.3338091	6	上海	0.168428395	21
安徽	0.330593255	7	江西	0.162381445	22
浙江	0.30840245	8	贵州	0.120865	23
四川	0.288882075	9	海南	0.094682025	24
辽宁	0.284204295	10	北京	0.07475887	25
湖北	0.281336015	11	内蒙古	0.07245776	26
吉林	0.276737165	12	天津	0.03249461	27
云南	0.251745	13	青海	0.0580778	28
陕西	0.2202516	14	甘肃	0.18043559	29
湖南	0.211670755	15	宁夏	0.058984355	30

总体来看，1999—2018 年我国省域农业生态资本投资水平总体呈增长趋势，但是总体水平仍较低。尽管我国对农业生态环境的治理和保护投入增加了，但由于农业投资主体权责不明、投资决策不合理等问题，我国生态资本投资水平处在相对比较低的水平。

三、区域差异分析

按照传统划分方法将中国划分为东、中、西部三大地区，然后对三大区域农业生态资本投资水平进行对比。具体而言，东部地区包括北京、天津、辽宁、河北、山东、江苏、上海、浙江、福建、广东、海南；中部地区包括黑龙江、吉林、河南、安徽、江西、湖北、湖南、山西；西部地区包括内蒙古、广西、四川、重庆、云南、贵州、陕西、甘肃、宁夏、青海和新疆。结合表 3-3 可知，东部地区农业生态资本投资水平平均值最高，为 0.2622；中部地区农业生态资本投资水平均值居中，为 0.2972；而西部农业生态资本投资水平最低，仅为 0.1712，农业生态资本投资水平甚至仍处于初级阶段，呈现“东部最高、中部次之、西部最低”的格局。可能的原因是：中部地区河北、河南、湖北等地是全国的粮食主产区，随着近年来我国生态文明建设、农业绿色发展及乡村振兴战略的逐步出台，国家对农业生态发展的建设，尤其是粮食主产区的发展投入非常大，中部地区在农业绿色发展方面投入的资源非常多，投资水平也在稳步提升。而西部地区经济发展相对比较缓慢，管理机制不完善，绿色技术水平较低，因此，西部地区对农业生态资本投资的水平相对较低。

表 3-3　1999—2018 年全国各省份的农业生态投资综合指数

省　份	1999—2003	2004—2008	2009—2013	2014—2018	平均数
北京	0.0468	0.0371	0.0347	0.0264	0.0363
天津	0.0728	0.0641	0.0496	0.0459	0.0581
河北	0.5535	0.5495	0.4899	0.4628	0.5140
辽宁	0.2571	0.2428	0.2647	0.2423	0.2517
上海	0.0545	0.0614	0.0719	0.1020	0.0725
江苏	0.4982	0.5340	0.5648	0.5832	0.5451
浙江	0.3372	0.3039	0.3001	0.2924	0.3084
福建	0.1434	0.1520	0.1667	0.1874	0.1624
山东	0.5960	0.5447	0.5754	0.5625	0.5697
广东	0.3033	0.3008	0.3522	0.3790	0.3338
海南	0.0329	0.0299	0.0332	0.0339	0.0325
东部地区	0.2632	0.2564	0.2639	0.2653	0.2622
山西	0.1983	0.1701	0.1575	0.1477	0.1684
吉林	0.2101	0.1899	0.2049	0.2100	0.2037
黑龙江	0.4168	0.3808	0.4457	0.4654	0.4272

续表

省　份	1999—2003	2004—2008	2009—2013	2014—2018	平均数
安徽	0.3221	0.2921	0.3355	0.3728	0.3306
江西	0.1728	0.1886	0.2044	0.2217	0.1969
湖北	0.2763	0.2545	0.2774	0.3171	0.2813
湖南	0.2543	0.2573	0.2778	0.3175	0.2767
河南	0.4775	0.4404	0.4555	0.4524	0.4565
中部地区	0.2910	0.2717	0.2948	0.3131	0.2927
广西	0.1698	0.1590	0.1790	0.2084	0.1790
重庆	0.0911	0.0887	0.0950	0.1039	0.0947
四川	0.2942	0.2850	0.2638	0.2938	0.2842
贵州	0.1068	0.1057	0.1130	0.1579	0.1209
云南	0.2151	0.2032	0.2306	0.2322	0.2203
陕西	0.2483	0.2042	0.2000	0.1942	0.2117
甘肃	0.1946	0.1872	0.1643	0.1756	0.1804
青海	0.0656	0.0769	0.0771	0.0796	0.0748
宁夏	0.0556	0.0624	0.0587	0.0593	0.0590
内蒙古	0.2896	0.2928	0.2889	0.2842	0.2889
新疆	0.1478	0.1573	0.1747	0.1979	0.1694
西部地区	0.1708	0.1657	0.1677	0.1806	0.1712

第四章　农业生态资本投资生态溢出价值和条件

第一节　农业生态资本投资的要素

在现代市场经济条件下，市场是指在一定时间和一定空间范围内商品占有者之间的买卖关系及其意志行为。买卖关系既包括物物交换，也包括商品货币的交换，其意志行为包括商品交换者为建立交换关系而进行的各种活动，也就是商品交换者主观意志的外在表现。一个完整的市场体系一般由市场主体、市场客体及相应的市场外部要素等构成。

一、市场主体

依据市场经济学理论，投资市场主体是市场上从事交易活动的组织和个人，即商品进入市场的监护人、所有者。农业生态资本投资过程中，投资市场主体的格局反映了农业生态资本投资的性质。一般而言，农业生态资本投资主体必须拥有以下三个特征：①农业生态资本投资交易的自主性，主要表现为产权的独立和经营权的独立；②农业生态资本投资交易的逐利性，交易主体能享受一定的市场收益；③农业生态资本投资交易的能动性，交易主体能根据市场行情，及时做出决策。因此，企业、农户、政府和其他非营利性机构都是市场主体的成员。

明确农业生态资本投资主体是实现农业生态资本投资的第一步。我国过去数十年来的农业生态资源资产保护政策体系中，一直在尝试对农业生态资源资产的主体进行明确界定，以促进农业生态资源的合理开发和利用。在宏观政策制定上，农业生态资源管理问题也是供给侧结构性改革的重要内容。而本研究的内容则是通过农业生态资本投资建设，建立较为完整的农业生态资本投资政策支持体系。根据经济学理论，投资市场是由供给主体和需求主体来运行的。基于上述理论和我国农业生态资源资产保护政策改革走向，将农业生态资本投资主体分为供给主体和需求主体两大部分。

（一）农业生态资本投资供给主体

《中华人民共和国宪法》规定，农业生态资源归国家和集体所有。实际上，纯粹的国有产权会导致市场力量弱化，农业生态资源的市场价格远远低于其真正价值，容易造成农业生态资源的大量浪费和低效率利用。为了更有效率地管理农业生态资源，有必要把所有权和使用权分离，即把农业生态资源中具有可交易性的部分作为农业生态资源资产进行产权管理、分配、交易，并通过市场机制实现农业生态资源的节约与集约利用。因此，从供给主体上看，仅考虑农业生态资源的所有权主体往往是不够的，还要从农业生态资源的使用权供给主体着手分析，才能将农业生态资本投资的供给主体完全表述出来。

1. 农业生态资源所有权主体

《中华人民共和国宪法》规定，我国的农业生态资源资产只有一种所有制形式，就是国有与集体所有的社会主义公有制。因此，在我国，政府和集体经济组织是农业生态资源所有权的主体，这是由农业生态资源资本属性与政府及集体经济组织职责共同决定的。从农业生态资源资本属性角度看，农业生态资源资本具有公共性和基础性，农业生态资源资本化肩负着为社会提供公共产品的任务，而政府和集体经济组织是提供公共产品的责任主体；从农业生态资源资本的产权特征看，绝大部分农业生态资源属于国家所有或集体所有，政府是代表国家或集体行使农业生态资源资本权益的法定主体；从生态环境建设的角度看，由于农业生态资源开发、生态环境建设等活动投资大、周期长、涉及范围广、利益主体多，任何企业或个体都难以持续有效开展相关活动，而政府拥有的宏观调控和统筹协调能力是保障农业生态资本投资全面有序进行的关键。

在农业生态资源资本化过程中，政府和集体经济组织作为供给主体的作用不同于其他供给主体，政府还承担了农业生态资源开发利用、市场交易等方面的宏观管理角色。政府和集体经济组织显得更为重要，主要是因为自然生态系统是经济社会发展的基础，决定了农业生态资本投资的极端重要性，由此决定了政府在农业生态资源资本投资中居于主导地位，起着不可替代的作用，其主要职责是进行战略规划、政策保障、绿色管理、基础设施建设与农业生态资本投资培育等。

2. 农业生态资源使用权主体

农业生态资源使用权主体范围非常广泛。2019 年中共中央办公厅、国务院办公厅发布了《关于统筹推进自然资源资产产权制度改革的指导意见》，更进一步明确了农业生态资源产权制度的发展方向和目标。在矿产资源开发利用方面，探索研究油气探采合一权利制度，加强探矿权、采矿权授予与相关规划的衔接；在海洋资源开发利用方面，探索海域使用权立体分层设权，加快完善海域使用权出让、转让、抵押、出租、作价出资（入股）等权能，构建无居民海岛海洋资源产权体系，试点探索无居民海岛海洋资源使用权转让、出租等权能；完善海域水域滩涂养殖权利体系，理顺水域滩涂养殖的权利与海域使用权、海域土地承包经营权之间的关系。在农村土地资源的科学合理利用方面，农村耕地的所有权、承包权、经营权实行“三权分置”，具有土地承包权的农民就成为土地资源转让交易的供给主体。矿产资源使用权供给主体是矿业企业；海岛使用权供给主体是购买海岛产权的个人或者企业；海域滩涂养殖权供给主体属于渔民或从事养殖的个体户和企业等。

农业生态资源产权人在农业生态资源资本化中的主要职责是深化对农业生态资源资本化效能和实现农业生态资源资本化价值的认识，积极开展以绿色生态为导向的农业生态资源资本化活动，包括修复、补偿、维护自然生态系统和提高农业生态资源资本运营效率。在自然生态系统的修复、补偿、维护过程中，农业生态资源产权人要特别重视将农业生态资源转化为自然资产，进而转化为农业生态资源资本，进行农业生态资源资本的良性运营，保持农业生态资源资本存量增加或非减性，既能保护农业生态资源产权人的既得利益，又能通过自然生态系统的修复、补偿与维护，保障农业生态资源资本的良性运营，支持全社会推行清洁生产和标准化生产，达到修复生态、净化水质、改良土壤、调节气候的目的。

（二）农业生态资本投资需求主体

1. 农业生态资源生产要素需求主体

农业生态资源生产要素需求指的是对农业生态资源作为生产要素的需求。在规范的市场经济条件下，农业生态资源生产要素需求主体以各类经营过程中需要农业生态资源生产要素的企业为主。这类企业往往具有多样性，如股份公司、有限责任公司、合伙企业等，在自由竞争市场上能有效进行各类交易活动，包括在农业生态资源市场上有效交易农业生态资源经营权。企业是农业生态资源资本化的中观主体，农业生态资源市场交易的过程就是企业对其可以支配的农业生态资源和生产要素进行统筹谋划与优化配置，以获取最大利润为最终目标。农业生态资本投资建设过程中，作为市场主体和法人实体的农业生态资源生产要素企业，既是农业生态资源资本生息和价值创造的场所，又是农业生态资源资本集结的载体。

2. 农业生态资源产品要素需求主体

农业生态资源产品要素需求主体主要指农业生态资源产品的需求方。农业生态资源产品一般以公众消费为主。值得注意的是，这里的农业生态资源产品是指在维持农业生态资源非减性的前提下，将农业生态资源作为生产要素投入生产过程中，生产出有利于维系自然生态系统安全、保障自然生态系统、具有生态调节功能、能提供良好生态宜居的环境产品。它主要包括三种类型：一是供给安全类产品，如有机食品、绿色食品、无公害农产品、林木材产品、水产养殖品、中草药材、生态工业产品等；二是调节功能类产品，如用于涵养水源、保持水土、净化空气、调节气候等的产品；三是生态服务类产品，如休闲观光旅游、人文景观价值、传统民俗文化、康养保健服务等。

农业生态资源产品要素的需求主体是农业生态资本投资建设的微观主体。农业生态资本投资把农业生态资源转化为一种现实农业生态资源资本来运营，直观地让农业生态资源产品要素需求主体意识到农业生态资源（或生态环境资源）所转化成的农业生态资源资本具有一般资本的属性，明确了农业生态资源对现代经济社会发展的基础性支撑作用，从而促进对农业生态资源的科学管理与合理利用。农业生态资源产品要素需求主体在保护生态环境、节约农业生态资源方面起着重要作用，是农业生态资源资本化的重要基础力量和中坚力量。同时，农业生态资源产品要素需求主体的主动参与也是农业生态资本投资建设的强大动力，促进农业生态资源资本保值增值是实现农业生态资源资本化良性运营的结果。从根本上来说，农业生态资源产品要素需求主体既是良好的农业生态资源环境的直接受益者，也是政府和相关部门的监督者。

二、市场客体要素

（一）农业生态资源产权

农业生态资源产权是指对农业生态资源拥有的经济所有制的法律形式。从保护农业生态资源的角度出发，只有具有产权属性的农业生态资源才可以用于市场交易。农业生态资源的产权制度是通过经济和法律的手段，对农业生态资源的开发、利用与保护过程进行规范和保护的制度。随着社会经济的快速发展，农业生态资源的不合理利用问题日益严重，同时农业生态资源具有稀缺性，农业生态资源的可持续发展问题尤为重要。农业生态资源产权制度规定农业生态资源的产权拥有者享有农业生态资源的所有权、使用权、处分权和收益权等权利，同时也有一定的义务，需要对农业生态资源的优化配置负责。

农业生态资源的产权人，在农业生态资本投资建设过程中，意义重大。农业生态资源产权人包括农业生态资源产权个人以及自然农业生态资源产权群体，即企业、集体经济组织等。农业生态资源产权人在农业生态资本投资交易中发挥着主体作用，农业生态资源产权人要履行农业生态资源开发、保护、利用的权利和义务。在农业生态资本投资过程中，农业生态资源产权的确立是农业生态资本投资的起点。

（二）农业生态资源资产

农业生态资源资产是指在现有条件下能够在市场进行定价和交易并能带来一定经济收益的资源。农业生态资源资产具有相应的价值，具有稀缺性，且产权明确，能够带来经济、社会、生态效益。因此，农业生态资源资产具有以下特征。一是农业生态资源资产的产权归属有法律规定。与其他资产不同，农业生态资源资产的所有权、使用权、处分权、收益权等属于国家。二是农业生态资源资产具有稀缺性，随着人们对农业生态资源资产的需求不断增加与农业生态资源资产的供给不断减少，农业生态资源资产的稀缺性更为突出。三是农业生态资源资产能够通过市场定价与交易带来一定的经济收益，实现绿水青山转化为金山银山。本书研究所涉及的农业生态资源资产是指具有价值性、稀缺性且产权明确的土地资源、矿产资源、海洋资源、水资源和森林资源等农业生态资源。

农业生态资源资产是对农业生态资源中可以用来市场化运营的那部分资产。对农业生态资源进行有效利用并进一步转化成农业生态资源资产，农业生态资源才能在农业生态资本投资中进行交易。农业生态资源转化成农业生态资源资产是农业生态资源市场化的首要环节，是盘活农业生态资源的开始，也是农业生态资本投资建设的基础。

（三）农业生态资源资本

农业生态资源资本是农业生态资源市场化的高级形式。只有通过价值评估的农业生态资源资产，才有转化成农业生态资源资本的可能，资本才能通过市场实现其价值增值。农业生态资源资本是指直接进入社会经济生产系统，以生产要素形式投入经济生产与再生产过程，利用生态技术进行形态变换，通过农业生态资源产品或生态服务体现价值转化，依靠生态市场实现保值增值，与其他资本共同创造财富和价值的生态因素的总和。其包括资源环境存量、自然环境质量和生态系统整体服务，以农业生态资源的数量和质量、自然环境的质量要素、生态系统作为一个有用的整体体现出来。

（四）农业生态资源产品

黄如良（2015）认为：生态产品首先要有利于人类健康；其次，生态产品要具有多元化价值，即具有使用价值和非使用价值；再次，生态产品是能给人类带来正外部性的产品。

孙庆刚等（2015）将生态产品看作与物质产品、文化产品等同等层次的产品形态，认为生态产品本身就是一种自然产品，是自然的产物或自然要素的组成部分。

张英等(2016)将生态产品看作生态服务价值的市场化体现。

可见,国内对农业生态资源产品和生态产品的界定并没有统一的标准。本研究认为,农业生态资源产品是指在维持农业生态资源存量非减性的前提下,将农业生态资源作为生产要素投入生产过程中,生产出有利于人类身心健康的无污染、天然的产品形态。从概念上看,首先,农业生态资源产品不是一般的产品形态,而是优质、健康、绿色环保的产品。其次,农业生态资源产品不仅包含有形的生态产品,还包括无形的生态产品。也就是说,自然生态系统服务也可以看作农业生态资源产品的一种形态。再次,农业生态资源产品的产生需要利用农业生态资源要素。这里的利用一方面是农业生态资源、生态系统的自然生产,另一方面是人类经济再生产的利用。

在农业生态资本投资过程中,农业生态资源产品是构成农业生态资源产品市场的基础,而农业生态资源产品市场是农业生态资本投资价值实现的最终环节。在市场机制作用下,通过竞争机制、价格机制实现产品有效交换与流通的过程,不仅受商品价值规律支配,而且还需要遵循生态规律。农业生态资源产品通过市场以一定价格的形式出售,将产品的交换价值转化成经济价值和生态价值,实现市场交易。

三、市场外部要素

(一)农业生态技术

农业生态技术是对工业技术的颠覆,它产生的背景是工业技术的高消耗、高污染造成严重的自然生态环境破坏而出现严重的生态危机。生态危机实际上是人类的生存与发展的危机。农业要消除生态危机,就要克服工业技术中反自然性的缺点,体现人文关怀与生态关怀的统一、经济理性与生态理性的统一,追求经济效益、生态效益、社会效益的统一。在开发农业时,要把自然生态环境要素纳入资源生产成本,以生态学、环境科学为基础,注重自然规律与生态法则,对自然少干扰、少破坏、少污染,以生态意识和节约意识开发和利用生态资源。因此,本研究将农业生态技术界定为以符合自然生态系统的客观规律和生态经济规律为前提,科学合理地充分利用生态系统的环境条件和资源，具有资源消耗最小而使用功效最大化能力，是对生态系统扰动最小的可持续、可再生及可循环的全生命周期的技术体系。它以维护生态平衡、促进人与自然和谐发展为目的。可见，农业生态技术并不是指某一单项技术，而是指产品清洁生产、生态破坏修复、生态污染防治与环境监测的一套相互关联的技术群。它也是一种保护环境、优化生态系统与提高资源利用效率与发展生态经济的技术经济模式。

农业生态资本投资不同于以往的资源利用模式，它既要注重资源利用的经济效益，还要关注生态效益和社会效益。这就需要在传统资源利用模式的基础上辅以技术创新与支持。传统的资源开发技术更多地关注经济效益，而忽视生态效益和社会效益。农业生态技术作为一种新型的技术形态，克服了原有技术的弊端，弥补了生态效益的缺失。一方面，农业生态技术继承了传统工业技术的优势，利用自然生态系统中的各种资源与环境要素，通过降低对资源的消耗来提高资源利用效率，进而保证经济社会的可持续发展。另一方面，农业生态技术在满足经济发展要求的同时，也遵循自然生态系统的客观规律，积极构建人与自然的和谐发展的关系，将资源利用过程中的废弃物进行循环利用，修复与重建退化的生态系统，保育生物多样性，使生态系统处于一种良性的运行状态。

在农业生态资本投资过程中，农业生态技术通过对农业生态资源的利用，使其发生形态变化，通过延长资源和产品的使用周期，减少资源消耗，生产出技术含量高、生态位高的绿色环保的生态型产品，从而实现经济效益与生态效益的有机统一。在这一生产过程中，农业生态技术以独特的形式参与资本化价值的转化与增值，使农业生态资源从实物形态转化为具有价值形态的自然资本，不仅实现了农业生态资源的保值增值，而且有利于资源高效可持续利用。如果缺少农业这一关键要素，农业生态资源就无法转变为绿色环保的生态型产品，资本化运营也难以推进，资本化价值就不会实现。因此，农业生态技术是农业生态资本投资价值得以实现的动力来源。只有在农业生态技术的作用下，农业生态资源与其他生产要素结合，生产出有价值的生态型产品，农业生态资本投资价值才能真正实现。

（二）宏观政策

宏观政策是政府为了保持经济持续、稳定增长而采取的一系列干预措施。对于农业生态资本投资来说，宏观政策的调控尤其重要。由于农业生态资源具有占有排他性和利用行为外部性的特征，农业生态资源和生态环境在开发和使用过程中会产生大量的溢出效应，这种溢出效应没有办法完全通过市场机制进行交易，独立于市场机制之外，导致溢出效应带来的环境产品或服务在市场上低价甚至无价，即常常会产生市场失灵的情况。而宏观政策就是为了弥补市场失灵采取的措施。

农业生态资本投资的宏观政策调控主要表现为国家利用农业生态资源相关政策、法规、计划、指导和必要的行政管理手段对农业生态资源进行管理和调控。农业生态资本投资的过程非常复杂，与经济增长、社会发展、环境保护、生态建设等方面相互影响、相互制约，因此，我国现行的农业生态资源相关政策包含经济、社会、生态等方面的内容。宏观政策引导对农业生态资本投资的意义是非常重大的。

（三）政治和法律

政治和法律因素是指影响和制约农业生态资本投资建设的政府机构、法律法规及公众团体等外部政治和法律形式。政治和法律环境的变化经常非常突然，农业生态资本投资的主体，必须密切注意国家的每一项政策和立法及其对农业生态资本投资建设所造成的影响。同时，农业生态资本投资主体，必须根据政治和法律环境来制定行动计划，如何适应当前的政治和法律环境是农业生态资本投资主体需要重点关注的外部因素。

第二节　农业生态资本投资生态溢出的价值分析

资本是一种存量，能够为人类提供一定的服务与福利，即具有一定的价值。生态资本同样能够通过自身或人类劳动而增加其价值。马克思曾明确地指出，自然生态环境问题的实质是社会问题，只有从解决社会问题入手，克服人与社会的异化，生态资本投资收益研究才有可能真正克服人与自然界的异化。探讨生态资本投资的价值构成也正是基于此种理念进行的。生态资本投资作为投资的一种，也必然能够增加它自身所特有的价值。就其构成而言，生态资本投资的价值主要包括生态资本投资的生态价值、经济价值和社会价值三个方面。

一、生态价值

农业生态系统是基于实践活动而形成的人工生态经济系统，该系统存在于自然系统之中，其生态价值的确立首先必须遵循生态服务价值的一般原理，其次必须符合自然生态系统整体服务功能的规定，最后还应反映生态服务功能的特殊实现类型和方式。为此，根据生态服务功能反映生态价值的一般途径，结合生态服务价值的表现形式和实现途径，生态资本投资的生态价值可以分为生物生产价值、气候调节价值、土壤保持价值和环境净化价值。

（一）生物生产价值

生物生产价值主要通过生态服务功能中的生态产品生产功能表现出来。由于生态生产的直接目的是为人们提供生态产品和原材料，而生态资本投资从本质上说就是把生态环境和生态资源作为生态型生产要素进行投入、转化和产出的过程，因此，也可以认为这一过程便是生物的生产过程，在价值上体现为生物生产价值。

（二）气候调节价值

气候调节价值主要通过生态服务功能中调节大气、气候和水分的功能而体现出来。在生态资本投资过程中，农业生态系统通过有意识、有目的地充分利用绿色植物的光合作用，不断吸收二氧化碳，释放氧气，而异养生物则不断消耗氧气并产生二氧化碳，从而使得地球大气成分维持稳定的氧化状态。同时，生态资本投资系统对区域性气候具有直接的调节作用，如植树造林可以增加当地的湿度和降雨量，且能够调节气温和风速。

（三）土壤保持价值

土壤保持价值主要体现在生态服务功能中土壤肥力的更新与维持功能、养分的循环与贮存功能以及防止水土流失功能。土壤的生态服务功能相当巨大，包括为植物生长发育提供场所，使植物种子在土壤的支持下完成其生命周期；土壤对有机质的还原也起着关键作用，在还原过程中能够将许多人类潜在的病原体无害化，生态资本投资将土壤（土地）视为一种特殊的生态资本，利用生态工程技术保持土壤肥力，从源头上提升土壤生态服务功能，体现土壤保持价值。

（四）环境净化价值

环境净化价值主要通过生态服务功能中的环境净化功能与有害物质的降解功能、病虫害的控制功能、水质净化功能等体现出来。生态资本投资通过采用环境友好型生态技术，减轻自然灾害的影响，利用生物竞争捕食关系限制有害生物数量，通过生态工程进行生态修复，有效保护生态环境，改善空气、水、气候等环境质量要素的品质。生态资本投资的过程就是环境质量提升的过程，生态资本化与资本生态化的结果最大限度地实现了环境净化价值。

二、经济价值

生态资本投资通过生态产品和生态服务实现生态环境资源的经济价值。这种价值转化最终通过生态市场的生态交易来完成，其价值直观地表现为交换价值，对生产者来说就是直接的经济价值。生态资本投资的经济价值，除具备传统资本投资和生态资本投资的一般经济价值以外，还应遵循经济价值的特殊规定。生态资本投资的经济价值是指在进行生产、交换、分配过程中所产生的各种价值的总称。以生态产品生产与再生产的各个环节为划分依据，生态资本投资的经济价值可以分为产品开发价值、市场营销价值和生态产品消费价值。

（一）产品开发价值

产品开发价值在经济价值中处于核心地位，是全部经济价值形成的前提和基础，构成了经济价值的主体。从生产开发价值的形成过程来看，包括产前和产中两个环节：产前环节体现了物资要素供给价值和科技要素供给价值，产中环节则体现为生态产品供给价值。例如，随着生活水平的提高和生态意识的增强，人们对绿色食品的需求大幅度增长，安全、环保、无污染的绿色生态产品备受青睐,并且具有较高市场价格。

(二)市场营销价值

市场营销价值主要是指将生态产品顺利推向市场,通过市场交换进入消费者手中,并最终实现生态产品的交换价值。营销环节包括生态产品定价、分销和促销等,流通环节包括为保存生态产品使用价值的冷链流通、流通渠道的规划、销售网点布局与产销地市场建设等。

(三)生态产品消费价值

生态产品消费价值是指通过积极引导消费者,使其意识到生态产品对人类健康的重要性,充分体现生态产品能够保障人们食品安全、提高人体健康水平以及提高环境质量方面的突出作用,从而使人们自觉消费绿色生态产品,并以此促进全社会绿色消费观的形成。生态资本投资的经济价值因其被广泛植入相关产业之中,不仅延长了生态资本投资的产业链,而且扩大了生态资本投资的经济价值实现范围,能够从整体上提高生态资本投资的经济价值总量。例如,将生态系统的文化景观服务功能与旅游业相结合,进行生态旅游开发,便是通过旅游业来实现生态系统文化景观服务价值的生态资本投资收益研究。

三、社会价值

生态资本投资的社会价值包括增加资本积累、优化资本结构、保障资本增值、促进财富增长、提高社会福利等。作为资本投资的一种,生态资本投资也同样具有上述社会价值。然而,生态资本投资毕竟是一种崭新的生产方式和资本投资模式,还具有传统生产和企业资本投资所不具有的特殊的社会价值,突出地表现在生态资本投资对社会发展的多维度贡献,即就业机会增加价值与生态文化培育价值。

第三节　农业生态资本投资生态溢出条件分析

实现农业生态资本投资生态溢出的内在要求决定了农业生态资源必须

转化为自然资产，进而转化为农业生态资源资本，只有这样才能实现农业生态资源有效配置与农业生态资源资本的保值与增值。但不是所有的农业生态资源都会自发地转化为农业生态资源资本，只有在相应的条件下先转化成农业生态资源资产，进而转化为农业生态资源资本，才能实现农业生态资源的资本化投资价值，才能促进农业生态资本投资生态溢出向社会价值、经济价值和生态价值转变。推进农业生态资源资本投资，首先需要人们从思想上否定当前农业生态资源利用的唯经济效益目标，认识到农业生态资源的经济价值，才能转变农业生态资源利用模式，发挥人们在资本化过程中的主观能动性。其次，明晰的农业生态资源产权界定可将农业生态资源转化为农业生态资源资产，为农业生态资源资产产权流转与交易提供制度保障。再次，科学的价值评估将农业生态资源资产转化为农业生态资源资本，使农业生态资源从实物利用形态到价值利用形态的转化成为可能。最后，建设农业生态资源市场，使农业生态资源资本及农业生态资源产品能够在相应的市场平台上实现农业生态资本投资。实际上，农业生态资本投资仅仅依靠其内部动力与市场平台是无法实现的，还需要强有力的政策支持。由此可见，农业生态资源资本投资的实现过程就是人们认知农业生态资源绿色经济效益，对其进行产权界定、价值评估，开展对应农业生态资源市场建设并提供相应政策支持的过程。这也依次构成了农业生态资本投资的认知条件、前提条件、基础条件、实现条件和保障条件。各条件之间并不是孤立的，而是存在某种关联性。前一条件是后一条件的基础，后一条件是前一条件的演化与补充，只有在同时满足这些条件的情况下，农业生态资本投资才能顺利实施，并实行农业生态资本的保值与增值，从而形成良性循环，促进农业生态资本的进一步投资，扩大农业生态资本投资的生态溢出效应，创造出“大生态”“大溢出”的局面。

一、认知条件：农业生态资源的经济效益

人们对其赖以生存的农业生态资源的认识历来是随着经济社会发展而不断深化的。长期以来，人们普遍认为农业生态资源是无限的、无价的。工业革命后，经济社会高速发展，人们对农业生态资源及其产品的需求逐渐增

加，一些不可再生与耗竭性的农业生态资源随之耗减，农业生态资源的稀缺性也随之凸显。农业生态资源的稀缺必然迫使人们对农业生态资源的价值重新进行思考。人们开始认识到农业生态资源不再是无价的，而是有价的，是能够带来巨大经济效益的有用物。然而，随着经济社会进一步发展，人们肆无忌惮地对农业生态资源进行粗放式开发，农业生态资源的经济效益被无限制地扩大化，人类经济活动对生态环境的影响空前加剧，农业生态资源匮乏与生态环境污染同时显现，经济社会发展陷入资源制约与生态恶化的两难处境。于是，人们再次对农业生态资源利用模式进行反思，对农业生态资源价值重新认识。人们认识到在农业生态资源开发利用过程中，单纯地追求经济效益而忽视生态效益是不可持续的，亟待寻求一种既能实现经济效益又能兼顾生态效益的资源利用新模式。至此，经济效益不再是农业生态资源利用追求的唯一目标，取而代之的是生态经济效益。通过长期的实践探索，人们越发意识到开展农业生态资本投资才是破解农业生态资源约束、兼顾生态经济效益的最佳选择。由此可见，人们对农业生态资源经历了“无价—有价(经济效益)—生态经济效益”的认识过程，其实质是不断提高农业生态资源利用效率，实现资源保值增值与永续利用的过程。人们对农业生态资源价值认识的提升不仅使农业生态资源从资源利用形态到资本利用形态的转化变成可能，而且也使农业生态资源从实物形态向价值形态再向资本形态转化成为可能，这也为开启农业生态资本投资提供了坚实的条件。

二、前提条件：农业生态资源产权界定

产权作为市场平等交易的法权，激励与约束着产权主体的行为，影响着资源的配置效率，在农业生态资本投资过程中起到举足轻重的作用。在产权权属模糊的情况下，农业生态资源配置效率低下，农业生态资源分配过程中寻租不能得到遏制，企业为完成农业生态资源市场交易所要付出的交易费用巨大，经济成本上升，企业对农业生态资源开发利用的积极性下降。而在产权界定明晰的条件下，大量的外部性经济活动可实现内部化，农业生态资源供给与需求实现均衡，农业生态资源配置得到优化，企业对开发利用农

业生态资源有强烈的欲望。产权界定才能盘活农业生态资源，产权才会顺利流转，权能才可能发挥出来，农业生态资源才能转化为资产，农业生态资源资产才有可能实现保值，其存量非减性才能实现，从而为其转化为农业生态资源资本奠定基础。由此可见，只有农业生态资源产权界定明晰，农业生态资本投资才有可能顺利实施。因此，构建一套符合农业生态资源市场经济要求、利益边界明晰的农业生态资源产权体系就显得十分必要了。对此，亟待通过农业生态资源产权界定来实现农业生态资源物权属性，加快农业生态资源产权流转，破解农业生态资源稀缺性难题，提高农业生态资源的利用效率，从而为农业生态资源资本化顺利实施创造有利的前提条件。

三、基础条件：农业生态资本价值评估

虽然农业生态资源通过产权界定后转化为农业生态资源资产，为开启农业生态资源资本化提供了可能，但是农业生态资源资产仅仅是一种固化的产权实物形态，价值还没有量化，还需要转化为具有明确价值构成的农业生态资源资本，以良性运营的农业生态资源资本价值形态方式才能实现资本化。农业生态资源资产要转化为农业生态资源资本，关键是对农业生态资源资产价值进行评估。然而，农业生态资源资产具有一定的动态性，不同类型的农业生态资源资产价值成分及其比重存在差异，其价值又呈现多样性。因此，对农业生态资源资产价值评估时，需要全面考虑其价值组成，综合评估其价值。首先，应明晰农业生态资源资产的价值构成。农业生态资源资产价值不仅包含本身的存在价值，而且还包括人类对农业生态资源资产进行开发利用所付出的劳动价值及其生态服务价值。其次，要厘清农业生态资源资产各价值之间的关系。存在价值、劳动价值是农业生态资源资产使用价值的直接体现，存在价值是劳动价值的基础，只有农业生态资源资产具有存在价值，人们才对其有开发利用的欲望。生态服务价值是农业生态资源资产使用价值的间接表现形式，是对存在价值与劳动价值的补充。再次，科学设定农业生态资源资产各价值的权重。根据各价值之间的关系及其效用，科学衡量各价值的比重，确定各价值的权重。最后，准确评估农业生态资源资产的价值。在农业生态资源资产成本定价的基础上，依据农

业生态资源的稀缺性与地租估算存在价值，根据农业生态资源的开发难易程度与劳动投入强度计量劳动价值，以生态补偿费用权衡生态服务价值，然后将各项价值相加就是农业生态资源资产的总价值。农业生态资源资产的价值得到最终量化后，农业生态资源资产就可以顺利转化为农业生态资源资本，开始农业生态资源资本运营与价值增值的过程。可见，只有准确地厘清农业生态资源资产的价值构成成分、各价值之间的关系及权重，才能精准评估农业生态资源资产的价值，从而为推进农业生态资本投资奠定基础。

四、实现条件：农业生态市场培育

要实现农业生态资源的最大限度增值，就必须通过市场交易，让农业生态资源资产的价值脱离实物载体束缚，并且能为无数的投资者所拥有，促使农业生态资源资本自由地向农业生态资源资本报酬率高的方向流动。当然，这个过程需要一系列配套的农业生态资源资本化交易制度，规范各种交易行为，保证每一个进入农业生态资本投资的主体公平竞争、合法交易。因此，市场是实现农业生态资源资本化的载体，而健全的农业生态资本投资交易体系和交易制度是实现资本化的先决条件。我国目前的农业生态资本投资体系还不完善，需要在现有的体制下进行大胆创新，促进农业生态资源资本化的有效运营。在农业生态资本投资过程中，不管农业生态资源形态如何变化，价值怎样转化，其最终目标都是实现农业生态资源资本的增值。农业生态资源通过产权界定、价值评估后以农业生态资源资本的形态存在，农业生态资源资本作为具有增值潜能的资本形态，它能否实现增值以及在多大程度上有效增值，并不是由农业生态资源资本的自然属性决定的，而是由农业生态资源资本的市场属性决定的。具体来说，农业生态资源资本作为一种农业生态资源使用个体或者群体的生产要素，在逐利性支配下，必然会投入一定经济生产活动中，通过和其他生产要素有机结合，生产出特定农业生态资源产品，然后通过农业生态资源产品在农业生态资本投资上以交换价值即价格形式实现其资本化价值。而在这一过程中，农业生态资本投资发挥了不可或缺的作用，是农业生态资源资本化价值得以实现的重要载体。对此，在农业生态资本投资过程中，需要通过农业生态资本投资交易才能实现各种价值向资本化价值的转化，最终形成货币价值。因此，必须借助于市场，尤其是农业生态资源资本化资本市场的功能，并与其他资本相结合，才能使农业生态资源资本的流动、扩张不受时间和空间制约，最大限度地扩大对应资本市场容量，从而提高农业生态资源资本的增值率。但现有的农业生态资本投资特别是农业生态资源资本市场还不健全，存在市场规则陈旧、市场主体缺失、市场结构单一、场外市场发育缓慢等种种弊端，农业生态资源资本化过程又涉及农业生态资源产权市场、农业生态资源要素市场、农业生态资源资本市场与农业生态资源产品市场等诸多市场，各市场分割严重，致使在农业生态资源资本增值过程中，农业生态资本投资功能未能有效显现，从而制约农业生态资本投资。可见，只有加快相应的农业生态资本投资建设，优化农业生态资本投资平台，才能确保农业生态资源资本投资实现有效增值。因此，只有构建规则规范、交易透明、运作顺畅的农业生态资本投资体系，充分发挥农业生态资本投资在资源配置中的决定性作用，才能为实现农业生态资本投资创造条件。

五、保障条件：农业生态保护补偿

在传统发展观指导下的农业活动，往往造成大量的化肥、农药及其他有毒有害的农业废弃物在其生产过程中进入大气、土壤和水体中，不可避免地污染生态环境、破坏生态资源。正是这种长期对生态环境与资源破坏式的开发利用，导致当今世界农业发展不仅面临人口增长对农产品需求不断加大的问题，还面临资源与环境的双重约束，制约了现代农业的可持续发展。农业生态资本投资遵循循环经济的“再循环、减量化、再利用”原理，建立和发展一种多层次、多结构、多功能的集约经营方式，以期获得较高的经济效益、生态效益和社会效益。其本质是把市场、资源、生态、技术等约束变量内生化到农业体系内，使事后监督转为过程控制。显然，这种新型农业发展模式可以有效解决资源与环境对农业发展的双重约束。因此，绿色农业生态补偿使人们把生态资源看作具有经济价值的物品来进行管理，有利于“高污染、高消耗”的传统农业生产方式向绿色农业生产方式转变，进而促进生态环境与资源的恢复与保护，有效遏制生态环境的污染和生态资源的破坏，并确保自然资源的开发利用建立在生态系统自我恢复能力可承受的范围之内，以实现农业可持续发展。

同时，农业生态补偿能够保护农民从事农业生态资本投资活动的积极性。农民如果采取像农业生态资本投资这样可持续的生产方式往往容易增加成本，再加上生态外溢性特征，利润非常薄弱，甚至亏损。如果农民得不到一定补偿，他们更容易倾向于采取虽然可能破坏生态环境但成本却低得多的生产方式，从而导致生态环境恶化。与此同时，如果农民采取的是生态系统服务功能保护型的可持续性农业生态资本投资方式，必然能够为外部提供生态服务效用和价值，这是一种正外部性贡献，外部应该“感激”并为农民的这种“付出”买单，以促使农民的这种外部性内部化。因此农业生态补偿是确保农民经济利益平衡的关键，有利于实现社会公平，保障农业生态资本投资的可持续发展。

第五章　农业生态资本投资生态溢出机理分析

第一节　农业生态资本投资空间溢出理论分析框架

一、农业生态资本投资外部性理论分析

（一）农业生态资本投资的外部性界定

农业生态系统是指在一定时间和空间范围内，人们从事农业生产、利用农作物与非生物环境之间以及与作物之间的相互关系和影响，在人为、有目的性的调节和控制下，通过合理的生态结构和高效的生态机能，建立起来的形式多样和发展水平各异的农业生产体系。与自然生态系统一样，农业生态系统也是由农业环境因素、农作物、农业动物及各种农业微生物四大基本要素构成的物质循环、能量流动和信息传递系统。从农业生态系统的定义可以看出，农业生态系统与自然生态系统的本质区别在于：农业生态系统具有以人们需要的农业产品为中心内容的社会经济和技术力量的投入，并作为系统重要的组成成分之一，影响着系统的存在与发展。

农业生态资本投资是依托农业生态系统，通过对农业生态系统进行的一系列有目的、有计划的生态恢复建设、环境污染治理、生态技术研发等活动，对特定范围内的农业生态资源进行一定的投入（货币或实物），并经过与研发对象的有机结合以改善农业生态资源的质量和数量，并且这种改善最终表现为农业生态资本存量增加的投资行为。农业生态资本投资是通过资金和实物的投入对农业生态资本使用价值的有效运用，依据农业生态资本

的消费及其形态的变化，实现农业生态资本长期收益整体最大化而进行的活动。这种活动需要不断地发现新的农业生态要素资本，发明新的农业生态技术，提高农产品的生态位，维持较高的收益率，实现整个经济社会的生态化。农业生态资本投资的多功能整合决定了其生态服务价值的多元化，通过水土保持、涵养水源、防风固沙、调节气候、维护生物多样性、防治农业面源污染等多种途径，提供有形和无形的生态服务，其生态服务价值集中体现在生态保护、生态修复和生态发展等方面。

农业生态资本投资过程表现出典型的外部性特征。其原因有以下几点。

第一，生态系统是一个有机整体，在一定时空范围内，由生物因素与环境因素相互作用、相互影响所构成的综合体，或者占据一定空间的自然界客观存在的实体，是生命系统与环境系统在特定空间的组合。一个完整的生态系统的核心就是其中的生物群落，如果生态系统部分受到破坏，只要其中原有的主要成分和相同条件存在，经过一段时间便可恢复或重建与原来相似的稳定系统。农业生态资本投资是可以保持农业生态环境自我净化能力所需的生态系统原有主要成分和相同条件，以维持农业生态系统的稳定发展的投资方式。因此农业生态资本投资的环境收益通过生态系统的流转性扩散到生态系统的各个部分。

第二，农业生态资本投资可以通过维持生态系统功能等方式，包括水土保持、涵养水源、防风固沙、调节气候、维护生物多样性、防治农业面源污染等，提供有形和无形的生态服务，为全体社会成员提供正效益，而这种效益一旦发生，就不可能有人会被排除在享受之外。因此农业生态资本投资具有很强的正外部性，它在利用生态资源的同时能够提供具有正外部性的农业生态产品和生态系统服务。

第三，农业生态资本投资由于其投资性质的特殊性，属于环境公共产品。环境公共产品是不论个人是否愿意购买，都能使整个社会的每一个成员获得环境收益的物品。公共产品具有非竞争性和非排他性两个最基本的特征。非竞争性往往导致公共资源的过度使用，最终使全体成员的利益受损，出现“公共地悲剧”。非排他性则容易使人产生“搭便车”心理，即在一个经济社会中，如果有公共物品的存在，免费搭车者就会出现。如果所有社会成员都成为免费搭车者，最终结果是谁也享受不到公共产品。农业生态资本投资属于公共产品，一方面是因为在农业生态资本投资过程中的非竞争性会打破生态平衡，耗尽生态资源，使全体社会成员的利益受损，最终出现“公共地悲剧”；另一方面是因为在农业生态资本投资过程中的非排他性，势必会产生众多的“搭便车”者，使得那些曾为改善生态系统服务功能或提供生态效益而付出过代价，甚至为生态保护做出某种牺牲的人，也选择“免费”享受别人努力保护的生态环境，这最终必然会引起生态环境的不断恶化。

(二) 农业生态资本投资外部性的特征

农业生态资本投资作为一个具有生态外溢性的环境公共物品，它与单纯的经济行为外部性相比有一些特殊之处。

1. 时空转移性

一般讨论外部性只讨论当代人之间的外部性问题。农业生态资本投资生态效益外部性可向后代延伸，从而产生代际外部性。保护好生态系统及其生态效益，功在当代，利在千秋。同时，农业生态资本投资生态效益外部性还会在国家之间、国内地区之间转移。如生态系统所具有的固碳释氧功能对周边国家或地区也会产生外部性，涵养水源功能使整个流域受益。另外，生态系统的形成需要一定的时间，所以只有封闭成林的生态系统才能产生持续的外部有利影响，同时生态效益的过度利用或破坏对周边环境的不利影响有时滞时间，具有渐显性。

2. 持续性和复杂性

由于生态系统的特殊性，农业生态资本投资周期持续时间长，生态效益种类繁多，生态效益的发挥还受地域、气候、国家政策等因素影响。生态经营的持续性是生态型企业和人类对生存环境的要求，在我国经营的持续性受法律保护，由法定的程序制定各生态型企业单位的采伐限额，保证其经营的永续性。生态经营周期少则几年，多则上百年，生态效益外部性具有持续性。与此同时，生态效益外部性不是一成不变的，而是随外在条件的变化而变动。新知识、新技术、新方法的出现会导致生态产权界定的收益和成本相应变化，产生新的受益和受损效应，这样生态效益外部性也随之发生变化。例如原先产权界定费用较高而收益却较小的一些不经济现象（表现为外部性），由于有了更高的新的收益，或者由于技术进步导致更低的界定成本，而使其以前具有外部性的不清晰产权趋向界定清晰，从而其外部性消失，即内部化了。这对生态效益外部性的衡量造成了很大的困难。

3. 整体性

整体性也称不可分割性。生态系统是在特定地域基础上形成的立体性整体，通常情况下，农业生态资本投资产生的农业生物资产、农业生态景观资产、农业生态效益等与农业生态系统有关，又能够带来预期经济利益。它们都不能离开地域和生态环境而独立存在，它们是同一生态系统的不同侧面，其价值的形成、消费和补偿过程是密不可分的。它们既是生态实物产品的消费者，也是生态无形产品的消费者，两者统一于同一核算对象上，并在实物价值的实现与补偿中，同时考虑农业生态系统环境价值的损失并加以补偿（岳上，2002）。农业生态资本投资生态效益外部性的产权不能分割，必须依附于特定生态系统。农业生态资本投资生态效益外部性的确认与计量，既要从整体性角度考虑各类生态效益的这种相互依存、相互影响的关系，又要从分类核算的原则出发，有合有分。

4. 受体的模糊性

农业生态资本投资施体生态权属可分为个人（如个体林权）、法人（如生态型企业）、集体（集体林业）和国家（如公益生态系统）。农业生态资本投资生态效益的受体则模糊许多：生态系统涵养水源的受体有水库、水电站、河流下游居民；固碳释氧的受体可包含本地区、跨地区和跨国际居民；净化环境的效益受体为区域居民，但受益程度又与农村生态系统所处的相对位置相关，区域内的农村居民受益程度不同；生物多样性的受体可涉及全人类。因受体的模糊性，对农业生态资本投资外部性问题的解决不可“一刀切”，应根据受体界限的明晰程度对各类外部性采取不同的内在化途径。对受体明确的农业生态资本投资外部性可采取以市场交易为基础的市场化内在化方式，如涵养水源的水权交易；对受体涉及地区内的，由地区政府组织协调进行市场化交易，如生态系统的区域防护效应；对受体跨地区的，可由中央政府协调促成地方政府之间的交易达成；对关系到整个国家的生态效益的，由政府代表全体公民，由政府统一供给。

（三）农业生态资本投资生态外部性的经济学解释

农业生态资本投资具有比较强的正外部性。事实上，不管是正外部性还是负外部性，其结果都会导致经济活动缺乏效率或使资源配置远离最优状态，外部性的存在会导致行为主体不能将经济活动的消极或积极的后果完全内部化。与此同时，这些正外部性是动态变化的，不会长期维持，它会随着涉事双方寻求交易获利的行为而慢慢消失，甚至转变成负外部性。农业生态资本投资在本区域内经济活动的好的结果可能被另一些并没有任何投入的主体分享，而一部分坏的结果却由区域内其他主体承担。实践中，外部性往往是区际矛盾的直接原因，这成为农业生态资本投资长期低效的根源所在。

植树造林作为农业生态系统修复的重要内容，根据前文对农业生态资本投资的定义，其属于典型的农业生态资本投资行为。以植树造林为例，揭示区际农业生态资本溢出效应的机理。图 5-1(a)中，曲线 D 代表长江上游地区整个社会对林木的需求曲线，即边际社会收益曲线。MC 表示长江上游砍伐的边际成本，即林业产业供给曲线。MEC 是上游砍伐林木对下游造成的危害，即边际外部成本，MSC 是上游砍伐的边际成本与边际外部成本之和，即边际社会成本，有 MSC＝MC＋MEC。无疑，上游地区根据自己的边际成本进行砍伐，即由 MC 与需求曲线 D 决定的 Q 点。但从整个长江流域来看，有效的树木砍伐量应该是边际社会成本等于边际社会收益时的树木砍伐量，即 MSC 曲线与需求曲线 D 的交点决定的有效树木砍伐量 Q_1。显然与林木砍伐的社会需求相比，由于区域经济活动的负外部效应，长江上游地区林木砍伐导致的社会成本大于对自身区域产生的成本，上游地区基于地区利益考虑会砍伐林木。

长江上游地区大力开展植树造林对整个社会来讲是一件好事。问题在于，区域经济活动正外部性的存在，使长江上游地区植树造林活动动机不足。在 5-1(b)中，MC 代表上游地区植树造林的边际成本，D 是其边际收益曲线，MEB 是上游地区植树造林对下游所产生的边际外部收益。MSB 曲线代表上游植树造林对整个长江流域的收益，即 MSB＝D＋MEB。长江上游地区将选择在其边际收益曲线 D 与边际成本曲线 MC 相交处进行 Q 水平的造林。但对于整个流域来讲，有效的造林水平应该是 MSB 曲线和 MC 曲线的交点所决定的 Q_1。显然，与社会对林业和生态的需求相比，造林不足，即长江上游地区植树造林的正外部性导致了造林水平太低和生态供给不足。

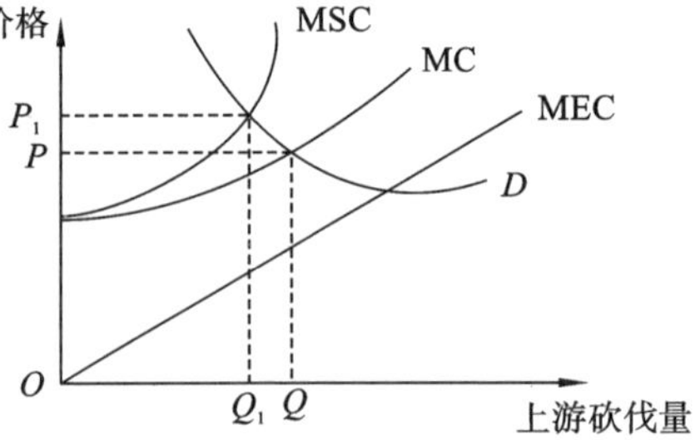

(a) 上游林木砍伐的负外部效应

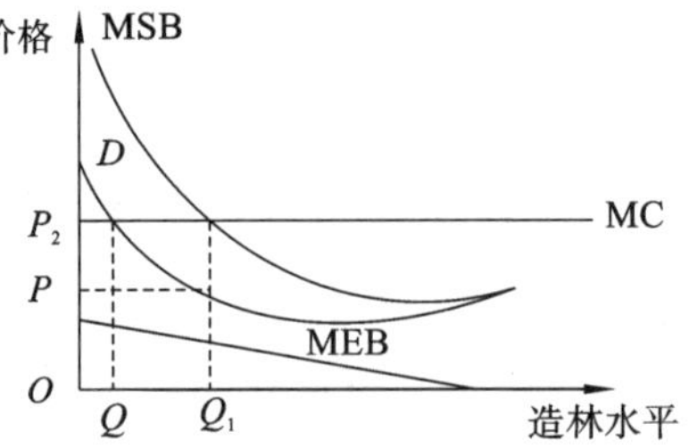

(b) 上游植树造林的正外部性

图 5-1　农业生态资本投资外溢

农业生态资本投资外部性的存在将导致生态产品配置低效或者竞争均衡非帕累托最优，对社会来说，将导致生态福利的非最大化。简化起见，这里考察由农业生态资本投资实施主体 1 和农业生态资本投资受益主体 2 组成的经济体，两者的效用函数见式(5-1)和式(5-2)：

$$U^1 = U^1(x_1^1, x_2^1, x_1^2) \tag{5-1}$$

$$U^2 = U^2(x_1^2, x_2^2, x_1^1) \tag{5-2}$$

存在正外部性时，U^h 是 $x_i^j(h, j = 1, 2; h \neq j)$ 的函数，生态效益供给向

量见式(5-3)：

$$\boldsymbol{w}^h = (w_1^h, \cdots, w_n^h) \tag{5-3}$$

该经济体的竞争均衡见式(5-4)：

$$\begin{aligned} &\frac{\frac{\partial U^h}{\partial x_1^h}}{\frac{\partial U^h}{\partial x_2^h}} = 1 \\ &x_1^h + x_2^h = w_2^h \\ &x_1^1 + x_1^2 + x_2^1 + x_2^2 = w_2^1 + w_2^2 \end{aligned} \tag{5-4}$$

对于农业生态资本投资实施主体和农业生态资本投资受益主体，每一种商品的私人收益的比率等于私人成本比率，外部性未直接出现在上述均衡决定式中。

为描述帕累托最优配置集，假设保持农业生态资本投资实施主体 2 效用水平不变，使农业生态资本投资受益主体 2 的固定效用水平为不同值，即可求出帕累托最优配置集。帕累托最优值为式(5-5)的解：

$$\max_{\{x_i^h\}} U^1(x_1^1, x_2^1, x_1^2) \tag{5-5}$$

约束条件见式(5-6)和式(5-7)：

$$U^2 = U^2(x_1^2, x_2^2, x_1^1) \geqslant \overline{U^2} \tag{5-6}$$

和

$$w_2^1 + w_2^2 - x_1^1 - x_1^2 - x_2^1 - x_2^2 \geqslant 0 \tag{5-7}$$

用 μ 表示第一个技术条件的拉格朗日乘数，其解见式(5-8)和式(5-9)：

$$\frac{\frac{\partial U^1}{\partial x_1^1}}{\frac{\partial U^1}{\partial x_2^1}} + \mu \frac{\frac{\partial U^2}{\partial x_1^1}}{\frac{\partial U^1}{\partial x_2^1}} = 1 \tag{5-8}$$

和

$$\frac{\frac{\partial U^2}{\partial x_1^2}}{\frac{\partial U^2}{\partial x_2^2}} + \mu \frac{\frac{\partial U^1}{\partial x_1^2}}{\frac{\partial U^2}{\partial x_2^2}} = 1 \tag{5-9}$$

因此，外部性通过效用对农业生态资本投资外部性的导数影响生态产品的最优配置。在存在农业生态资本投资生态效益外部性的最优点上，生态产品消费者和生产者的边际替代率都比市场条件下高。生态效益外部性导致私人和社会对生态产品评价的差异，即市场结果不是帕累托最优结果。最优点上消费的农业生态资本投资的生态产品比市场交易所消费的多，或最优点上提供的生态产品比市场交易结果所生产的要少。总之，农业生态资本投资生态效益外部性会产生的结果是：在同样结果（成本）的条件下，农业生态资本投资实施主体的最佳供应量与社会期望的最佳供应量产生了差距，社会最佳供应量多于农业生态资本投资实施主体的最佳供应量。在这种情况下，如果按照实施主体的最佳供应量生产，就必然导致物品的供应不足，供应不足又必然造成生产者和消费者损失；如果按社会最佳供应量生产，生产必然产生亏损，农业生态资本投资主体必然不愿意多生产。

二、理论分析框架

根据对前人研究成果的归纳和总结，本书笔者认为农业生态资本投资生态溢出影响主要是农业生态资本投资通过一些重要因素在空间传导路径间接影响生态环境的过程。在农业生态资本投资对生态环境发生作用的过程中，这些间接作用构成一个有机整体。本书认为影响农业生态资本投资的间接渠道主要有农业生态系统流转、农业生产要素流动、居民消费群体迁徙和各区域政策互动四个方面。在农业生态资本投资的过程中，各个区域之间存在不均衡，必然导致人力资本、技术等生产要素在区域间流动，由于生产要素流动的方向不同，农业生态资本投资产生的结果也会不同，在研究农业生态资本投资时必须考虑空间效应。为了研究农业生态资本投资过程中的空间效应，本书这里首先对农业生态资本投资的外部性进行一般性分析，然后针对农业生态资本投资溢出渠道进行分析。通过分析农业生态资本投资的四大溢出渠道，笔者发现会产生两种结果：一种是正向空间溢出，另一种是负向空间溢出。本书这里将从以上几个方面详细分析农业生态资本投资的空间溢出机制。农业生态资本投资空间溢出作用机制的分析框架如图 5-2 所示。

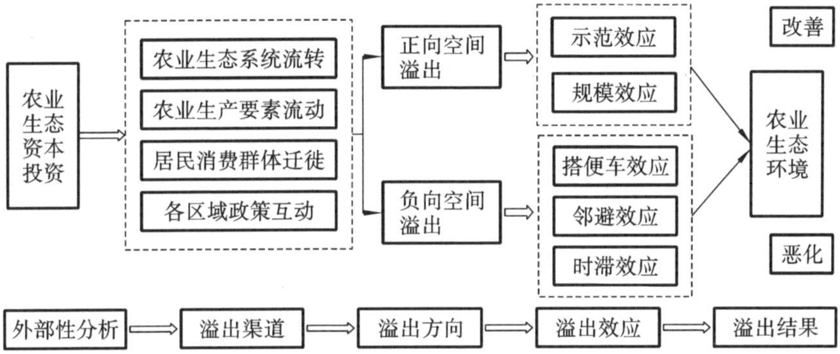

图 5-2　农业生态资本投资空间溢出作用机制的分析框架

第二节　农业生态资本投资空间溢出渠道

一、农业生态系统服务功能的空间流转性

任何一个具有特定结构的农业生态系统在其外部环境的作用和联系过程中，都会发生能量流、物质流和信息流的相互变动和运动，这就是农业生态系统的空间流转性，即农业生态系统的能量流、物质流和信息流可能会通过一定途径和媒介在空间上发生位移，转到系统之外，在具备适当条件的外部地区产生相应的功能。

（一）农业生态系统能量流转

农业生态系统能量流，是指各种形态的能量在农业生态系统内部及系统间的流动状况及其动态传递。自然界中的能量只能从一种形式转化为另一种形式，它既不能被消灭，也不能凭空产生。在能量转化过程中，能量的总和是恒定的，即能量守恒。在封闭系统中能量的传递是从高势能向低势能转变，由有序向无序分布；能量的传递是单向的、不可逆的，能量在传递和转化过程中，不仅需要消耗一部分自由能，且总会有一部分“废弃物”逸散到环境之中。因此，农业生态系统能量流便具有如下特征。①农业生态系统能量流动是单向的。农业生态系统食物链各营养级的顺序是不可逆转的，这是长期自然选择的结果；农业生态系统各营养级的能量总是趋向于以细胞呼吸产生热能而散失掉，这些能量是无法再利用的。②农业生态系统能量在流动中是逐级递减的。农业生态系统各营养级的生物都会因呼吸作用而消耗掉相当大一部分能量；农业生态系统各营养级的生物中总有一部分生物未被下一营养级生物利用；还有少部分能量随着残枝、败叶或遗体等直接传给了分解者。③农业生态系统能量转换传递不可逆状态可以用“熵”来量度。因为农业生态系统能量传递规律与熵增原理是一致的。“熵”表示任何一种能量在空间中分布的均匀程度，能量分布得越均匀，熵就越大。

（二）农业生态系统物质循环

参与农业生态系统物质循环的物质，主要是组成农业生态系统的基本元素，而不是由这些元素组成的糖类、脂肪和蛋白质等生物体内所特有的物质。农业生态系统物质循环的具体形式是组成农业生态系统的基本元素在农作物与无机环境之间运动，其中，伴随着复杂的物质变化和能量转化，并不是单纯的物质移动。农业生态系统的物质循环离不开能量的驱动。在农业生态系统物质循环过程中，各种物质遵循物质不灭定律，在绿色动植物（如农作物）与环境系统内进行循环、转移。物质循环可以用流通量、周转率和周转时间等概念描述。

农业生态系统中的物质循环的特点如下。①流动范围广。农业生态系统物质循环所涉及的范围是整个农业生态系统，因此，流动面广，较复杂。②反复利用，循环流动。农业生态系统物质循环不像农业生态系统能量流动那样逐级递减、单向流动，而是在绿色农作物与无机环境之间反复利用、循环流动。

（三）农业生态系统信息传递

农业生态系统中的信息，是指在农业生态系统内部和系统之间进行的物质流、能量流及其相互变换时的一种基本属性。农业生态系统中各种物质之间就是通过信息的互相作用，即信息传递进行一切活动的。在农业生态系统中，种群和种群之间、种群内部个体之间，甚至农作物和环境之间都有信息传递。信息传递的方式是多种多样的，其作用与物质流、能量流一样，把农业生态系统各组分联系成一个整体，并且有调节系统稳定性的作用。农业生态系统信息传递是双向的，正是由于这种双向的信息流，农业生态系统才产生了自我调节机制。

综上所述，农业生态系统在能量、物质循环和信息传递上，都具有空间转移的特点。生态资本具有两种特性，即资源的特性和生态的特性（如森林，除了是一种生物资源外，它的存在还影响着周围的气候和其下游水流的质量），因此，生态资本投资生态效应的确认通常远远超过了地理属性的范围。表 5-1 是生态系统服务功能流转特征表。

表 5-1　生态系统服务功能流转特征表

生态服务功能	传递介质	路径特征	传递范围/km	衰退情况
气候调节	大气	面状	$10\sim10^3$	逐渐衰退
水供应	大气、河流	面状、线状	$10\sim10^2$	损失减少
侵蚀控制	河流、大气	线状、面状	$10\sim10^3$	逐渐衰退
传粉	大气、河流、昆虫	不规则	$10^{-2}\sim10^2$	逐渐衰退
养分循环	大气、河流、土壤	不规则	$10^{-2}\sim10^2$	逐渐衰退
食物生产	人类	线状	$10\sim10^3$	损失减少

资料来源：李双成，郑度，张镱锂. 环境与生态系统资本价值评估的区域范式[J]. 地理科学，2002(3)：270-275.

二、农业生产要素流动

（一）农村人力资本流动

良好的生态系统提供多样的生态系统服务。生态系统是地球上所有生命的生存支持系统，除了给人类提供实物型生态产品外，还向人类提供更多非实物型的生态服务，这些非实物型生态服务为人类带来巨大福利，如空气和水的净化，废弃物的去毒和分解，人类审美、益智、科学研究和娱乐需求的满足等（Costanza 等，1997）。这类生态服务会提高人们的健康水平，延长人的预期寿命，提高人力资本收益，从而激励人们投资人力资本。此外，健康状况直接影响国民受教育的机会、效率和教育程度，从而影响教育型人力资本积累（刘国恩等，2004；王弟海等，2008）。人力资源变动对农业生态资本投资的影响主要取决于人力资源的变动，即人力资源的规模、质量与农业生态资本投资发展是否相适应。当它与农业生态资本投资发展相适应时，就能促进农业生态资本投资生态效应的空间外溢；反之，就会阻碍农业生态资本投资生态效应的空间外溢。人力资源对于扩大农业生态资本投资生态效应的空间外溢的贡献是长期的、持续的。因此劳动力生产要素的流动是农业生态资本投资最显著的溢出渠道之一。

（二）农村社会资本的聚集

良好的生态环境促使更多的人才流入，形成人才集聚。人才集聚增加以相互沟通和社会网络为主要特征的社会资本，并促进创新（Laursen 等，2012；严成樑，2012）。物质财富的快速增长伴随生态环境恶化，生态环境质量日益成为各类人才选择工作及生活地点的重要影响因素。良好的生态环境吸引人才集聚，通过信息共享与相互沟通这一渠道产生人力资本外溢性，推动整个社会创新。

（三）农业生态技术的扩散

农业生态资本通过提升健康人力资本促进生态技术进步的实现。生态技术一般以知识的形态存在，农业生态技术知识的扩散和流动可以加快发源地新思想和新技术被其他地区模仿、复制的速度，从而激发创新意识，强化地区之间的集群发展。农业生态资本投资加强了人才和技术的集聚，同时也会吸引更多的资金注入。资本要素的流动具有趋利性，总体上呈现出从资本富裕地区流向资本稀缺地区的趋势，因此资本合理的空间流动可以提高资本边际收益，从而产生资本的规模效应，提高落后地区的发展水平，优化经济结构，提高市场化水平，进而提升农业生态资本投资的效率。

三、消费群体的流动和迁徙

农业生态资本投资带来的生态收益最终会分摊到个体消费者身上，因此附带着这部分收益的消费者群体的自然流动和迁徙就必然会造成生态收益外溢。享受农业生态资本投资提供的生态收益的个人在不同行政辖区长期或短暂停留，都会使本地化的农业生态资本投资服务具有外溢性的特征。

比如A地通过农业生态资本投资净化了水源和空气，提升了农业生态环境质量，改变了农村的村容村貌，居民在A地享受了农业生态资本投资带来的生态收益后迁移到B地，那么A地的农业生态资本投资的生态收益就外溢到了B地。换言之，A地的农业生态资本投资在一定程度上具有外溢性。即使在我国严格的行政管辖和户籍制度的限制下，通过消费群的流动和迁徙而自然产生的外溢性也是非常明显的。

四、各区域政策互动

农业生态资本投资主要以公共投资为主，投资主体是政府。各地政府之间在税收、支出、环境保护、产业发展等政策上的互动，构成了农业生态资本投资的溢出渠道。一方面，受政治、经济因素的影响，地区之间比较容易形成税收竞争、支出竞争等局面，尤其是相邻地区，相互影响的程度更大，更容易形成公共品成本或收益的空间溢出（Pauly，1970；Arnott & Grieson，1981），如地区之间就环境保护展开支出竞争就会强化支出收益在相关地区之间的外溢效应。另一方面，在上级政府的协调下，各地之间除了竞争之外可以就某项公共品的供给达成合作协议。这样，该公共品的受益范围就自然扩大到整个合作范围内，比如京津冀地区就大气污染展开的联防联控机制就赋予其中某一个地区提供的生态资本投资外溢性的特征。

第三节 农业生态资本投资空间溢出效应的非线性形成机理

农业生态资本投资在其发展过程具有很强的外部性特征。从世界各国的经济发展实践来看，农业生态资本投资水平空间溢出效应呈现出明显的差异性。对于区域内部而言，农业生态资本投资往往能够产生正向溢出效应，提高本地区生态资本存量，促进该地区生态、经济协调发展。但是，农业生态资本投资发展过程因资金的导向性会出现生态产业的集聚倾向性，降低交易成本，带来规模效应。然而，集聚程度过高，则有可能产生负外部性。

另外，对于邻近地区而言，农业生态资本投资的发展或导致农村生态环境发展呈现两极分化的趋势，或呈现协同共进的双赢局面。为什么不同地区的农业生态资本投资空间溢出效应不尽相同，甚至截然相反？为回答上述问题，本书这里通过剖析农业生态资本投资空间溢出机制给出答案。

一、农业生态资本投资空间溢出的非线性机制

从公共经济学视角出发，农业生态资本投资属于一种特殊的公共品，与一般公共品相同，农业生态资本投资带来的生态收益也具有消费上的非竞争性和收益上的非排他性。具体而言，农业生态资本投资可以直接作用于生态环境，增加农业生态资本存量，提高农业生态系统质量。比如通过农业生态资本投资带来了清新空气，人无法阻止他人呼吸新鲜空气，而他人对新鲜空气的使用也不会影响自己相应的消费量，这就是典型的公共品。

农业生态资本投资在具备一般公共品的基本共性的同时，还具有环境资源本身的特殊性，因此除了公共品理论外，其基本内涵和根本立足点主要源于两大理论：共同产权理论（common property）和公共地悲剧理论（tragedy of the commons）。首先，虽然共同产权资源对于全社会而言是稀缺产品，但是对于个人而言就是免费产品。具体而言，当一项自然资源在物理和法律上对不止一个资源使用者开放时，其结果就是该资源变成了对所有人免费，所有使用者都会相互竞争以获得更大的份额，即使这一行为有可能伤害资源、社会甚至自身的利益。这就是 Gordon（1991）著名的“共同产权等于没有产权”理论。而环境公共品，尤其是环境资源，由于具有天然物品的属性，每个人都有权占有，就容易出现共同产权的困境。其次，Hardin（1968）在阐述公共地悲剧理论时指出，在信奉公共地自由化的社会中，制度迫使追求自身利益最大化的个人在有限范围内无节制地增加牲畜，这样，毁灭就成了所有人奔向的目的地。在环境领域，Ophlus（1973）认为，公共地悲剧的存在使得环境问题无法通过合作解决，这就赋予了具有较大强制性权力的政府存在的合理性。在环境公共品领域内，这两种理论是相伴而生、相互影响的。

二、农业生态资本投资正向溢出机理分析

(一) 规模效应导致区域农业生态产业的集聚

农业生态资本投资作为新的产业模式受到国家及政府的高度重视，由于政策导向及其本身的投资增值性行为，其发展过程具有很强的集聚倾向性。农业生态产业相关资源在一定区域内集聚，极有可能产生空间集聚效应，即农业生态产业集聚不仅能够通过降低信息不对称、交易成本等方式缓解市场摩擦，带来规模经济效应，而且还能够产生新知识和新技术的溢出，产生正向溢出效应，促进本地区农业生态资本投资水平的提升。具体来讲，农业生态资本投资行为作为根本性的创新主体，通过率先创新将新的科学技术和制度优势转化为现实生产力。其他众多区域通过学习和效仿新的农业生态资本投资的成果，将推动农业生态资本投资的创新效应进一步扩散。对于微观主体，企业通过不断地对原始创新成果进行优化改进，进一步产生乘数效应、增值效应和优化效应。

(二) 示范效应导致邻里效仿投资模式

农业生态资本投资作为一个新的投资模式，其投资规则、产业体系、政府管理模式创新都具有很强的示范意义。通过对局部地区或某些部门、领域的农业生态资本投资试验，总结成败得失，完善改革方案，寻找规律，由点及面，把解决试点中的问题与攻克共性难题结合起来，努力实现重点突破与整体创新，从而为更大范围的改革实践提供可复制、可推广的经验。例如浙江“丽水山耕”、福建南平“生态银行”都是农业生态资本投资的成功试点，其对周边的辐射和带动作用是非常重要的。良好的农业生态资本投资示范作用能够引领本地区和周边区域生态农业发展，让农村的好山好水都能转化为农民增收致富的资源。

(三) 协同创新效应，提高区域投资效率

区域协同创新效应是农业生态资本投资生态溢出的最重要表现，主要体现在宏观层面上的科技及制度创新、行业生态技术的研发创新和农业生态技术的推广，微观层面上的农业企业或农户的技术创新等方面。区域协

同创新在农业生态资本投资和农村生态环境保护方面发挥了重要作用。

农业生态资本投资发展必须依靠科技，以节约成本、增效技术、生态循环模式、绿色标准规范为主攻方向，依靠技术创新推动农业绿色生产、种养循环、生态保育和修复治理，能够有效防控农业面源污染，构建高效、安全、低碳、循环、智能、集成的农业绿色发展技术体系，推动农业科技创新方向和重点实现“三个转变”。有力支持退牧还草、退耕还林、生物多样性保护和流域治理，推动建立农业生产力与资源环境承载力相匹配的生态农业新格局，为实施乡村振兴战略和实现农业农村现代化提供强有力的科技支撑。

区域技术创新对本区域和邻近区域的农业生态资本投资产生推动作用。一方面，农业技术在提高本地区农业生态资本投资水平的同时也对周边地区形成扩散效应，邻近地区吸收外来的技术及经验，从而获得更高的效益。另一方面，技术水平的提高，使农业生态资源的利用率和产出率也得到了提高，从而降低资源消耗，减少污染排放，降低生产成本，增加产品的附加值，从而大大提高了农业生态资本投资收益，引发邻近区域的绿色模仿行为。

三、农业生态资本投资负向溢出机理分析

（一）“搭便车”效应导致投资效率损失

具体来说，由于生态系统的系统性和整体性，农业生态资本投资对生态系统的改善作用并不受行政区划的限制，有可能会向周边地区扩散。这种跨区域的溢出效应对农业生态资本投资生态效应的影响是复杂的。一方面，在我国高度集权的垂直政治管理体制下，中央政府以相对经济增长指标作为衡量地方政府绩效的关键性指标，根据各地区相对绩效考核机制来对地方政府进行奖励或惩罚，即邻近辖区、经济水平相似辖区或前任官员的经济增长情况对本地区官员的绩效考核具有很大的影响力。作为单一制国家，我国政治系统由五层管理机构构成：中央、省、地（市）、县、乡。在这种政绩考核体制下，各级地方官员都十分关注同级之间根据 CDP 等经济绩效指标进行的排名，以此争取晋升机会。由于可供晋升的政治职位具有一定的稀缺性，官员的政治晋升属于“零和博弈”。根据合约激励理论，锦标赛制

下，代理人之间会不择手段地互相"拆台"以争取较好的名次，各种类似的恶性竞争行为必然会严重破坏团队合作和组织整体利益。在这样的背景下，本身就因周期长、见效慢而不受地方官员青睐的公共品项目，当其收益可能会与竞争性相邻地区共享时，地方政府就更不愿意独立承担农业生态资本投资的供给成本了。

在环境治理问题上，农业生态资本投资具有极强的正外溢性，减排、治污、绿化等项目都会给第三方带来"零成本"收益。同时，其特殊性在于，一旦停止供给环境公共品，其逆转效应就会被放大，随即产生极强的负外部性——环境污染，而外部性总是会伴随着"搭便车"问题。农业生态资本投资产生的生态效益具有天然物品的属性，每个人都有权免费占有并使用，并忽视其对第三方产生的外溢效应。传统的环境联邦主义理论认为，地方政府竞争会导致各地争相放松环境监管标准的"竞次"现象，进而加剧环境污染。显而易见，污染的负外部性使相关联地区逃避分摊成本，相应地，污染治理具有显著的正外溢性，即收益会在相关辖区间分享，双重特性导致地方政府不愿意增加财政支出进行污染治理。目前我们国家的农业生态投资方式比较单一，农业生态投资资金主要是中央财政支持，地方财政适当配套资金，但是配套资金往往很难落实。各级政府在进行生态恢复建设时的资金投入大多是以"撒芝麻盐"的方式，不痛不痒地分散于各生态投资，造成资金使用效率低下。与此同时，资金来源多是中央财政转移支付，在资金的使用方面缺乏有效的管理方法与监督机制，致使资金往往被"截流"，因此，国家主导生态资本投资活动也会导致效率低下的问题。

（二）避邻效应导致地区间投资政策不协调

邻避效应是进入工业文明时代的中国，"以邻为壑"的典故演绎出另一个版本：由于当地群众不甘承受"以我为壑"的污染成本，衍生出对政府引进项目的集体抵制。政府部门规划经济项目或公共设施，产生效益为全体社会所共享，但负外部效应却由附近居民来承担。于是受到选址周边居民的反对，这种"邻避效应"在国际社会已是普遍现象；对"邻避效应"的认识和引导，也是世界各国共同面对的挑战。邻避运动是居民的理性反应，因为保护领地是动物的一种本能（这里所说的领地包括土地以及与土地相关的周边公共资源以及舒适性资源)。邻避效应的形成也源于既得利益的空间再分配效应,比如,在污染总量控制政策下,新建项目主要会改变污染的空间分布。邻避运动是居民保护房产价值和生活质量的理性反应。一方面,邻避运动间接促进了居民环保意识的觉醒,促使社会与公众参与,另一方面,如果处理不当,邻避运动容易升级为暴力性环境群体事件,并因经济增长的阻力因素,减缓基础设施建设。

就农业生态资本投资而言,邻避效应产生的原因是生态系统的系统性和整体性。生态资源在跨区域流动的过程中,一个区域实施生态资本投资会改善整体区域的生态环境,这种生态效应随着生态系统的流动性流向其他区域。比如河流,上游改善生态环境,下游便会受益。而上游作为生态涵养区,为了改善流域环境不得不牺牲许多经济发展的机会,长此以往,上游的生态资本投资意愿就会降低,因为其投入和收益并不匹配,甚至会优先考虑去投资只能让本区域受益的环境项目或者环境设施,或者采取措施截断农业生态资本投资效益溢出的渠道,让生态效益尽可能保留在原地。

(三)时滞效应抑制地区间投资的积极性

事实上我国的环境政策实施系统是极度分权式的,依旧保持着“中央决策,地方执行”的体制:在中央掌舵的前提下,地方展开自由裁量。具体而言,中央政府、生态环境部负责制定环境法律法规、标准和政策,而地方政府和各地的生态环境局负责政策的实施和执行,省级政府拥有环境治理执行的实际权力。分权为地方执行者留出了与更高层级政府“讨价还价”的空间,进而根据地方自身条件来争取对政策执行的战略性调整。单一维度的GDP(国内生产总值)考核体系会促使地方政府形成“届别机会主义行为倾向”,在纵向信息不对称作用的强化下,地方政府短视的自利行为很可能损害整体利益,出现激励不相容现象。在环境问题上,除了足量的要素投入,污染治理的成果和效益还需要一定的时间才能显现。这种绩效的滞后性抑制了地方政府提供环境公共品的动机,甚至诱使地方官员通过操纵统计数据等手段来逃避环境治理责任。因此,对于中央下达的环保监管政策,地方官员可能更多地将其视为GDP增长的阻力和当地发展计划的瓶颈,并根据自身需求灵活执行,换取工业生产带来的经济发展,从而增加地区利益,这也就造成了我国落后地区“以环境换经济”的现象。农业生态资本投资规模大,资金周转慢,建设周期长,因为生态系统的特殊性,农业生态资本投资在投入后并不能很快产生效益,而是需要一个较长的周期,所以农业生态资本投资收益的滞后性抑制了地方政府的投资动机,长此以往不利于生态环境治理。

第六章　农业生态资本投资生态溢出效应的实证分析

第一节　农业生态资本投资生态溢出效应的空间计量方法

科学测度农业生态资本投资对生态环境空间溢出的程度，是定量描述农业生态资本投资的环境影响力，以及探索农业生态资本投资带来的生态溢出效应的首要步骤。随着环境经济地理理论的兴起和空间计量经济学方法的完善，空间数据的计量分析测度了变量的空间效应。本书以区域农业生态资本投资的空间特征为研究起点，基于中国30个省级区域1999—2018年的面板数据，在第三章应用探索性空间数据分析方法测度要素的空间相关关系，比较了多个空间量模型，在变量的特征分析和数据的预检验基础上，构建了解释能力较强的空间杜宾模型，测度农业生态资本投资对区域生态环境的影响程度。同时，进一步验证了拓展STIRPAT理论模型的有效性。

一、空间计量模型及特征

空间计量模型(spatial econometric model)是计量经济学的一个新兴的分支，基于空间经济理论和地理空间数据，应用数学、统计学方法和计算机技术，对经济活动的空间交互效应和空间结构进行计量学分析，形成以空间地理单元为载体，研究经济活动数量关系和规律的一门经济学科。早在1979年，Paelinck和Klaassen在著作《空间计量经济学》中全面论述了空间计量经济学的研究对象、模型和重点研究问题，明确在空间模型中对空间相互依赖的设定、空间关系不对称性和空间解释变量的重要性。1988年，著名空间计量经济学家 Anselin 在其发表的著作《空间计量经济学：方法和模型》中将空间计量模型定义为：在区域科学模型的统计分析中用于研究与空间效应有关的方法集。

随着空间计量模型在跨学科应用中的显著贡献以及空间数据的丰富，Anselin 在 2006 年进一步扩展了空间计量模型的内涵，将地理空间的研究范围从截面空间范围拓展到了空间-时间范围，为静态和动态的空间面板数据模型的发展提供了基本思路。

空间计量模型主要分析了三种不同的交互效应，包括被解释变量的内生性交互效应、解释变量的外生性交互效应和误差项之间的交互效应。在空间计量模型中，空间相关性主要表现在变量的空间滞后因子，包括空间滞后项和空间误差项，分别代表两种不同的空间计量模型——空间回归模型（spatial autoregressive model，SAR）和空间误差模型（spatial error model，SEM）。这两个模型分别解释了两种类型的交互效应：空间回归模型解释了内生性交互效应，空间误差模型解释了误差项交互效应。在这两个模型基础上演化出加入解释变量空间滞后因子的空间杜宾模型（spatial Dubin model，SDM），该模型包含了两种空间交互效应：外生性交互效应和内生性交互效应。各种空间计量模型的数理表达如下。

空间回归模型是对模型中的因变量加入空间滞后项，进而进行回归分析的模型，用于测度一个区域的经济活动或关系给另一个区域带来的溢出性影响，模型设定见式(6-1)：

$$y_{it} = \rho \sum_{i \neq j, j=1}^{n} W_{ji} y_{jt} + \sum_{q=1}^{Q} x_{iqt} \beta_q + \varepsilon_{it} \tag{6-1}$$

i 和 j 表示不同的地理空间；t 代表时间；W_{ij} 是 $n \times n$ 的空间权重矩阵 $\boldsymbol{W}$ 的第(i,j)个元素；$\boldsymbol{X}$ 为 $Q \times n$ 阶的解释变量矩阵；ρ 为因变量空间滞后项的参数；β_q 为自变量系数；ε_{it} 是正态独立同分布的随机扰动项。

空间误差模型是对模型中的误差项引入空间滞后因子的模型，即空间相关性是作用于误差过程，而不是因变量，模型设定见式(6-2)：

$$y_{it} = \sum_{q=1}^{Q} x_{iqt} \beta_q + \mu, \mu_{it} = \gamma \sum_{i \neq j, j=1}^{n} W_{ji} y_{jt} + \mu \tag{6-2}$$

式中，μ 为正态独立同分布的随机扰动项，γ 为空间误差项的系数。

空间杜宾模型对模型中的解释变量加入空间滞后因子，进而增强了空间回归模型，该模型不仅考虑了因变量的空间相关性，还考虑了自变量的空间相关性，即因变量不仅受到本地理空间自变量的影响，还受到其他地理空间自变量和因变量的影响，模型设定见式(6-3)：

$$y_{it} = \rho \sum_{i \neq j, j=1}^{n} W_{ji} y_{jt} + \sum_{q=1}^{Q} x_{iqt}\beta_q + W\bar{x}r + \varepsilon_{it} \tag{6-3}$$

式中，x_{iqt} 为外生的解释变量；$\bar{x}$ 是具有空间溢出效应的解释变量；r 为具有空间交互效应解释变量的系数。

根据空间计量模型的定义和模型设定，可以看出空间计量模型不仅仅是对传统计量经济学研究对象在地理空间上的拓展，更具有重要的经济学意义和特征。空间计量模型在理论机制、方法和数据上与其他经济学分支具有明显的不同。空间计量模型在空间经济学理论创新最重要的意义和特点是对地理空间研究对象的空间依赖和空间相互作用机制的分析，主要包括经济活动的地理空间的溢出效应和经济集聚等问题的实证研究。模型构建方法、空间权重设定和模型估计是空间计量分析的重要手段，也是不同于其他经济学分支的主要特征。另外，空间计量模型数据在具有地理信息特征基础上，还应具有一定的经济、社会或环境属性，能够反映空间研究对象的经济活动水平和互动关系产生的原因。

二、空间计量模型分析步骤及工具

空间计量模型分析过程主要是通过数学、统计和计算机技术对空间经济学问题进行定量分析，以空间数据为基础进行实证分析，在多重模型验证技术下构建具有经济学含义的实证模型。模型分析过程主要包括理论分析、数据分析和模型分析三个部分，以及问题描述、基本假设、数据收集、变量测度、空间关系分析、模型构建、模型检验和模型经济含义分析等具体步骤。其中，空间计量模型的选择是空间计量经济问题建模的重要组成部分，也是模型实证分析的基础和关键步骤。各部分具体研究内容如下。

（一）问题描述和基本假设

在经济理论的基础上，将抽象的复杂系统问题进行定量化的描述，并在问题导向基础上提出模型分析的基本理论假设，如变量之间基本的作用关系和空间要素在模型中起到的作用。在估计模型后，验证模型估计的结果与理论假设是否一致，即假设检验(hypothesis testing)。

(二) 空间数据分析

空间数据分析包括具有地理空间属性数据的收集和变量的测度，并对空间关系进行探索性分析。其中，空间权重的设定是空间计量分析的重点研究内容，同时，对模型数据进行预检验，明确空间计量模型分析的适应性，以保证模型分析的准确性。

(三) 模型分析

空间计量模型的选择是模型分析的核心步骤，在对空间数据进行预检验的基础上，明确研究问题以及空间数据特征，选择解释能力较强的空间计量模型，并应用合理的参数估计方式对模型进行估计，并进行有效性和稳定性检验，检验模型估计结果与基本假设的一致性，对模型的经济含义进行分析。

随着对经济问题空间关系的重视和空间计量模型研究的普遍，多种空间计量分析技术和专门化软件出现。例如，Anselin 开发的 GeoDa 软件，是实现格栅数据探索性空间数据分析的专业开源软件。众多空间计量经济学家基于 Matlab 软件开发和拓展空间计量经济学工具包，其中，LeSage 开发的计量经济工具箱被广泛应用，具有众多基础性空间统计功能，包括空间自回归估计和 Bayesian 等参数估计方法。另外，Diack Cheikh 基于 Matlab 软件拓展空间计量模型的最大似然估计程序、Kirill Pankratov 基于 Matlab 软件开发的空间和地质分析工具箱(Spatial and Geometric Analysis Toolbox, SaGA)，是生成空间权重矩阵的重要工具。本书根据专用工具的适用性及可拓展性，主要应用 GeoDa 软件进行探索性空间关系分析，基于 LeSage 开发的计量经济学工具箱应用 Matlab 软件，通过自主编程进行相关空间计量模型的构建、参数估计和检验。

三、农业生态资本投资生态溢出效应的空间计量研究设计

(一) 研究问题与基本假设

农业生态资本投资可以增加生态资本存量，对生态环境质量的改善无

疑有着积极的作用。随着经济地理空间的交互作用日益加强以及生态系统自身具有的系统性和整体性，地方政府的农业生态资本投资生态效应存在较大的空间外溢性。在条块分割的行政辖区背景下，责任与收益不对等的投资行为会强化周边区域政府“搭便车”的行为，同时也会让本区域政府在决策上更重视以改善局部环境质量为目标的治污模式，使得地方政府之间容易产生推诿和卸责的倾向。这不仅抑制了农业生态资本投资生态效应在区域之间的溢出，甚至强化了环境污染的“邻避效应”，对农业生态环境质量产生消极的影响。因此，本书亟须验证农业生态资本投资生态效应是否存在空间溢出效应，如果农业生态资本投资生态效应存在空间溢出效应，那么农业生态资本投资与生态环境质量关系就不是简单的线性关系。厘清二者之间的复杂关系有助于科学评估农业生态资本投资的生态效应，这不仅丰富了农业生态资本投资理论内涵，对于进一步厘清农业生态资本投资生态效应的机制和作用机理有着积极的意义。

基于上述理论分析，提出研究假设 H_1：农业生态资本投资存在空间溢出。可能的原因是：生态系统具有天然的整体性。生态系统服务功能可以通过一定的媒介和方式在空间内进行流动。农业生态资本投资对生态环境质量的改善有着积极的作用，农业生态资本投资的生态效应有可能随着生态系统的空间流动性向周边区域传递。研究假设 H_2：农业生态资本投资与生态环境质量存在非对称关系。可能的原因是：本区域农业生态资本投资可能会通过“示范效应”和“规模效应”促使周边区域加强农业生态资本投资从而对农业生态环境治理起到了积极的作用，但是空间溢出的存在也有可能会产生“邻避效应”和“搭便车效应”，导致周边区域减少农业生态资本投资，从而降低周边区域农业生态环境质量。因此，农业生态资本投资与农业生态环境质量之间可能是非线性的关系。

（二）指标选择和数据说明

1. 因变量选取

选取农业生态污染综合指数作为衡量农业生态环境质量的指标。农业生态污染综合指数越高，农业生态环境质量越低；农业生态污染综合指数越低，农业生态环境质量越高。基于对农村污染的特征性事实观察，发现农村环境污染主要来自三个方面。①农业面源污染，即农业生产过程中投入的化肥、农药、地膜对农村生态环境造成严重破坏，同时我国禽畜业迅速发展，已成为世界上最大的肉、蛋生产国。根据第二次全国污染源普查公报显示，截至2017年底禽畜养殖业化学需氧量排放量约占农业源水污染化学需氧量排放量的56.67%，是农业水源污染排放量最大的一个行业。本书选取了化肥使用量(吨)、农药使用量(吨)、农用塑料薄膜使用量(吨)以及禽畜产污量(万吨)四大指标来表征，其中禽畜产污量(万吨)的具体计算方法参考吴其勉；②农村工业污染，农村工业化的特点是低技术含量、粗放式经营，农村工业发展促进了农村经济繁荣，也给农村带来了大量的污染。本研究基于《中国环境统计年鉴》中公布的工业污染排放数据对农村工业污染排放数据进行估算，具体估算方法参考邵帅(2020)的处理手法。③农村生活污染，随着农村生活水平的提高，农村产生的垃圾城镇化特点越来越明显，农村生活垃圾由易降解向不易降解转变，垃圾产生量大大增加，再加上农村垃圾回收率非常低，垃圾渗透液随着雨水直接进入河道，污染农村地表水和地下水，给农业生态环境造成很大的破坏。本研究选取了农村生活垃圾污染排放量来表征。农村生活垃圾污染排放量由乡村人口数量(万人)乘以农村生活垃圾产生率(吨/(人・年))计算得到。其中，农村生活垃圾产生率采用韩智勇等的处理手法。最后通过熵权法计算出农业生态环境污染综合指数表征农业环境污染程度。

2. 自变量选取

(1) 核心解释变量。

选取农业生态资本投资综合指数作为其核心解释变量。

(2) 控制变量。

为了能客观评价农业生态资本投资对农业生态环境的影响、资本投资的影响因素及其空间关联性，本研究在模型中加入了可能对农业生态环境有影响的其他因素作为控制变量。经广泛研读文献，同时考虑考虑数据的可得性和完整性等，将影响变量设定如下。①人口规模是影响一个地区生态环境的重要社会因素，是评价一个地区环境承载力的重要指标，选取乡村人口数来衡量。②经济发展水平是衡量一个地区经济社会综合能力的重要指标，考虑到经济发展基础是农业生态资本投资的前提，选取农林牧副渔总产值来衡量。③技术水平是影响农村环境治理能力最重要的因素。农业技术水平的提升能够显著提升农业生态资源的利用率。选取农业机械总动力来衡量。④财政收入是农业生态资本投资资金来源的主要渠道，选取各个省份的财政收入来衡量。⑤农村居民富裕程度会影响农村生态资本投资的规模，选取农村居民家庭人均可支配收入来衡量。⑥农村居民受教育程度是实施农业生态资本投资行为的社会基础，一般而言，农村居民受教育程度越高，实施农业生态资本投资行为往往较多，选取农村居民初中及以上教育程度占总人口比重来衡量。

通过收集整理 EPS 数据库、国泰安数据库以及 1999—2018 年的《中国统计年鉴》《中国农村统计年鉴》《中国环境统计年鉴》等的数据，发现香港、澳门、台湾等地区数据缺失严重，因此这些地区未被选为研究样本。此外一些省份在某些年份存在少量的数据缺失，均采用指数平滑法补充完整，并通过相应的统计学方法计算出不能直接获取的数据。表 6-1 为变量的描述统计结果。

表 6-1　变量的描述统计结果

变量名称	定　　义	样本数	平均数	标准差	最小值	最大值
农业环境污染(I)	农业环境压力指数	600	0.226	0.239	0.009	0.552
农业生态资本投资(E)	农业生态资本投资综合指数	600	0.232	0.15	0.024	0.612
人口规模(POP)	乡村人口数/万人	600	2390.064	1798.01	214.8	8000.7
农村经济发展水平(GDP)	农林牧渔业总产值/亿元	600	2082.444	1942.29	48.2	9590.8
技术水平(TEC)	农业机械总动力/万千瓦	600	2643.933	2634.714	73.69	13353.02

续表

变量名称	定　义	样本数	平均数	标准差	最小值	最大值
财政收入（FIN）	财政收入/亿元	600	1322.207	1679.704	4.57	12105.26
农村居民富裕程度（INC）	农村居民家庭人均可支配收入/（元/人）	600	6754.919	5056.112	1309.46	30374.699
受教育水平（EDU）	农村居民初中及以上教育程度占总人口比重/（%）	600	49.457	11.78	0.58	66.6

（三）理论模型构建

农业生态资本要素在各省域间的流动并不是互相独立的，某个省份生态资本投资的状态可能会受其他省份行为的影响。因此，忽略农业生态资本投资所伴随的空间相关性可能会造成模型的错误设定。基于此，在前文扩展的STIRPAT模型的基础上，选用能够将农业生态资本投资的空间相关性考虑在内的空间计量分析技术来考察生态资本投资区际流动对农村生态环境的影响，并对农业生态资本投资的环境溢出效应进行实证检验。

考虑到农业生态资本投资水平在区域间可能存在扩散效应，为探究这种扩散效应，构建空间滞后模型，见式(6-4)：

$$\ln I_{it} = \alpha + \rho W \ln I_{it} + \beta_1 \ln E_{it} + \beta_2 \ln\mathrm{POP}_{it} + \beta_3 \ln\mathrm{GDP}_{it} + \beta_4 \ln\mathrm{TEC}_{it} + \beta_5 \ln\mathrm{FIN}_{it} + \beta_6 \ln\mathrm{INC}_{it} + \beta_7 \ln\mathrm{EDU}_{it} + v_{it} \tag{6-4}$$

其中，v_{it} 表示随机误差项，服从均值为0、方差为 σ^2 的独立同分布。

考虑到不同区域空间位置的差异，可能导致不同区域研究变量之间相互作用的差异性，构建空间误差模型，见式(6-5)：

$$\ln I_{it} = \alpha + \rho \ln E_{it} + \beta_1 \ln E_{it} + \beta_2 \ln\mathrm{POP}_{it} + \beta_3 \ln\mathrm{GDP}_{it} + \beta_4 \ln\mathrm{TEC}_{it} + \beta_5 \ln\mathrm{FIN}_{it} + \beta_6 \ln\mathrm{INC}_{it} + \beta_7 \ln\mathrm{EDU}_{it} + u_{it} \tag{6-5}$$

其中，$u_{it}=\rho\sum_{j=1}^{n}W_{it}u_{it}+v_{it}$，$\rho$ 为空间自相关系数。

考虑到被解释变量和解释变量可能存在空间自相关性，同时根据检验统计量在空间滞后模型和空间误差模型中进行选择时，参考 Lesage 和 Pace(2009)的方法构建空间杜宾模型，见式(6-6)：

$$\begin{aligned}\ln I_{it} = {} & \alpha+\rho W\ln I_{it}+\beta_1\ln E_{it}+\beta_2\ln\mathrm{POP}_{it}+\beta_3\ln\mathrm{GDP}_{it}+\beta_4\ln\mathrm{TEC}_{it}\\ & +\beta_5\ln\mathrm{FIN}_{it}+\beta_6\ln\mathrm{INC}_{it}+\beta_7\ln\mathrm{EDU}_{it}+\theta_1W\ln E_{it}+\theta_2W\ln\mathrm{POP}_{it}\\ & +\theta_3W\ln\mathrm{GDP}_{it}+\theta_4W\ln\mathrm{TEC}_{it}+\theta_5W\ln\mathrm{FIN}_{it}+\theta_6W\ln\mathrm{INC}_{it}\\ & +\theta_6W\ln\mathrm{EDU}_{it}+\tau_t+\varepsilon_{it}\end{aligned} \tag{6-6}$$

其中，ρ 表示衡量不同区域变量间依存度的空间自相关系数，τ_t 表示时间固定效应，ε_{it} 表示随机误差项，服从均值为 0、方差为 σ^2 的独立同分布。

第二节　农业生态资本投资的空间相关性分析

一、空间依赖性和空间异质性

（一）空间依赖性

空间依赖性，也称空间相关性，是指不同区域的事物和现象之间在空间上的互相依赖、互相制约、互相影响和互相作用，是事物和现象本身所固有的空间经济属性，是地理空间现象和空间过程的本质属性。空间依赖可以定义为观测值及区位之间的依赖性。当相邻区域特征变量的高值或低值在空间上呈现集聚倾向时，为正的空间自相关；当相邻区域特征变量取值与本区域变量取值高低相反时，则为负的空间自相关。

从农业生态资本投资空间相关性视角来说，生态系统具有明显的开放性，因为农业生态系统之间存在着生态物质能量的交换，同时也存在着各类生产要素流动等经济联系，所以区域之间广泛存在着生态溢出反馈关联效应。同时，区域之间的空间溢出效应对相邻区域的农业生态资本投资增长也存在着显著的贡献，在不完全竞争和规模报酬递增的条件下，农业生态资本投资外部性有着清晰的福利效应，这种福利效应引起正向或负向的空间溢出效应。具有正向性、外溢效应大的地区会形成良性的“因果循环积累效应”，不仅能有效地促进本地区的农业生态资本投资发展，还能依靠这种正向外部性造成的空间溢出促进周边地区的农业生态资本投资发展；而具有正向性、外部性不明显的地区，则只能促进本地区的农业生态资本投资发展，并不能带动其他地区的经济发展，形成较弱的区域农业生态资本投资差异明显的区域经济关联；而具有负外部性、溢出效应大的地区会通过空间溢出效应使周边地区也承担这种非正向的生态外部性，从而造成区域农业生态资本投资之间的恶性循环机制，形成边缘区域。因此，区域生态溢出效应构成了空间相关性的原因。

（二）空间异质性

空间异质性用于描述空间关系的变化，即指在一般情况下，在不同空间单位上的观测值可能具有不同的数量关系。

在数学形式上，对传统的线性关系的定义见式(6-7)：

$$y_i = X_i\beta_i + \varepsilon_i \tag{6-7}$$

其中，i 表示 $i=1,\cdots,n$ 等不同空间观测单位，它是数据产生的空间单位，即样本数据的采集点；X_i 为 $1\times k$ 阶解释变量系数 β_i 对应的向量；y_i 是在空间观测单位(或)地区 i 上的被解释变量；ε_i 表示线性关系的随机扰动项。

考虑到空间异质滞后，把传统线性关系与空间观测单位联系起来，并使线性关系随空间观测单位的变化而变化，即让式(6-7)的函数变为随样本观测点 i 变化而变化，见式(6-8)：

$$y_i = \int_i (X_i\beta_i + \varepsilon_i) \tag{6-8}$$

从这个比较简单的表达式中就不能仅通过 n 个样本数据来估计 n 维向量参数 β_i，因为没有足够的样本数据信息对每个空间观测点进行估算。这就需要对跨空间观测单位变化的数据关系进行规范化的量化，而且这种量化必须是简单的。空间异质性的产生原因有很多，其中一个是数据产生的重复性和唯一性，它不满足随机分成或随机生成的基本假设。

从农业生态资本投资空间异质性视角来说，各个不同区域的农业生态资本投资水平有着不太相同的地理空间相关性，而这种特征的空间相关就表现出了很大的差异性；也就是说，它不仅仅反映了空间分布的依赖性，也反映了数据在总体上的差异性。

二、空间相关性的度量方法

探索性空间数据分析空间相关性，主要是利用全局相关性与局部相关性。全局相关性用来分析空间经济数据在整个失控系统表现的相关情况；局部相关性则是分析局部区域或子系统表现的相关性情况。

（一）全域相关性的度量

农业生态资本投资过程不可避免地存在资源的流动与交换。一般而言，一个省份的农业生态资本投资往往会对其他省份产生重要影响，这就表现出显著的空间溢出效应。省份之间的距离越近，这种溢出效应表现越强烈，尤其是相邻省份表现得更为突出，这就是本研究所要考察的农业生态资本投资的空间相关性。空间相关性具体表现为空间集聚性和空间异质性两个方面。前者指由于溢出效应的存在，邻近省份的农业生态资本投资的环境效应表现出较强的相似性，发生了集聚现象；后者则由于空间不均质性，不同省份的农业生态资本投资的环境效应具有中心和外围的差别，发生了离群现象。Moran's I(莫兰指数)是最早应用于全局聚类检验的方法(Cliff和 Ord,1973)。它检验整个研究区域中邻近地区间是相似、相异(空间正相关、负相关)，还是相互独立的。Moran's I 的计算见式(6-9)：

$$I=\frac{n\sum_{i=1}^{n}\sum_{j=1}^{n}W_{ij}(x_i-\bar{x})(x_j-\bar{x})}{\sum_{i=1}^{n}\sum_{j=1}^{n}W_{ij}\sum_{i=1}^{n}(x_i-\bar{x})^2}=\frac{\sum_{i=1}^{n}\sum_{j=1}^{n}W_{ij}(x_i-\bar{x})(x_j-\bar{x})}{S^2\sum_{i=1}^{n}\sum_{j=1}^{n}W_{ij}} \tag{6-9}$$

式中，n 是研究区域内地区总数；W_{ij} 是空间权重(如以区域 i 和区域 j 是否相邻设定为 W_{ij}：区域 i 和区域 j 相邻时，$W_{ij}=1$；区域 i 和区域 j 不相邻时，$W_{ij}=0$)；x_i 和 x_j 分别是区域 i 和区域 j 的属性；$\bar{x}=\frac{1}{n}\sum_{i=1}^{n}x_i$，属性的平

均值；$S^2=\frac{1}{n}\sum_i(x_i-\bar{x})^2$，属性的方差。

Moran's I 可以看作观测值与它的空间滞后之间的相关系数。变量 x_i 的空间是 x_i 在邻域 j 的平均值，定义见式(6-10)：

$$x_{i,-1}=\frac{\sum_j W_{ij}x_{ij}}{\sum_j W_{ij}} \tag{6-10}$$

因此，全局 Moran's I 的最终取值始终在 −1 和 1 的区间内，并且不同的取值代表了不同的空间相关性。当 Moran's I 取值为最大值 1 时，表示所有空间单元的观测值具有显著的空间正相关性；当 Moran's I 取值接近 1 时，表明具有相似的属性集聚在一起（即高值与高值相邻，低值与低值相邻）；当 Moran's I 取值为最小值 −1 时，则意味着所有空间单元的观测值呈现出显著的空间负相关性；值接近 −1 时，表明相异的属性集聚在一起（即高值与低值相邻，低值与高值相邻）；当 Moran's I 取值为 0 时，表明各个空间单元之间是独立的，不存在任何的相关性。

（二）局部莫兰指数分析

全局 Moran's I 只能反映所有空间单元在全局上的空间分布特征，而对于其在局部上的空间分布情况则无法考察。这里需要引入由 Anselin (1995)提出的一个局部 Moran's I(local Moran index)或 LISA(local indicator of spatial association)，用来检验局部地区是否有相似或相异的观察值集聚在一起，区域 i 和它相邻区域之间的关联程度定义见式(6-11)：

$$I_i=\frac{(x_i-\bar{x})}{S^2}\sum_{j=1}^{n}W_{ij}(x_i-\bar{x})(x_j-\bar{x}) \tag{6-11}$$

I_i 为正值时，表示一个高值被高值包围，或者一个低值被低值包围。I_i 为负值时，表示一个低值被高值包围，或者一个高值被低值包围。

三、四种时空权重矩阵的构建

在空间回归分析中，地理空间的相互影响可用空间相关这一概念来描述。空间相关概念源于时间相关，但比时间相关复杂。主要是因为时间是一维函数，而空间是多维函数。因此在度量空间自相关时，还需解决地理空间结构的数学表达，定义空间对象的相互邻接关系。空间经济计量学引入的空间权重矩阵，是与传统计量经济学的重要区别，也是进行空间计量分析的前提与基础。

基于此，本研究对农业生态资本投资的生态空间关联特征予以系统考察，根据 Queen 空间邻接关系、地区距离、目的地经济规模以及综合考虑经纬度与经济规模情况等理念，设定了以下四种空间权重矩阵。

（一）基于 Queen 空间邻接关系的邻接矩阵

邻接关系可以用相邻距离反映，是一种常用的空间距离。通过空间中的相对位置定义相邻时，需要根据地图上研究区域的相对位置，决定哪些区域是相邻的，并用“0～1”表示，即“1”表示空间单元接壤（具有共同的边长或者顶点）时，空间权重矩阵的元素设定为 1。“0”表示空间单位不相邻。对于一个具有 n 个空间单元的系统，相邻矩阵 W_1 是一个 $n \times n$ 稀疏的 0～1 矩阵，对角线元素为 0，相邻元素为 1。

（二）地理距离矩阵

地理距离是根据空间地理位置坐标计算的两区域之间的欧式距离，也是常用的空间距离。由于空间距离的设定一直有争议，Pace(1997)提出了有限距离的设定，即以距离阈值设定权重（在阈值范围内定位为 1，在阈值范围外定为 0）。具体设定方法：令 d_{ij} 表示两个区域（不一定相邻）之间的欧式距离，$d_{\max i}$ 为最大空间相关距离，对于区域 i，若 $d_{ij} \leqslant d_{\max i}$，则 $W_{ij}=1$；否则，记 $W_{ij}=0$。同样 $\boldsymbol{W}$ 的对角线元素 $W_{ij}=0$。Anselin(1988)提出负指数距离，具体设定为 $W=\exp(-\beta d_{ij})$，d_{ij} 表示两个区域（不一定相邻）之间的欧式距离，β 为预先设定的参数。在本书中，地理距离矩阵考虑两个省份的省会城市或者直辖市之间的公路距离，如果 i 地区与 j 地区的空间距离为 d_{ij}，则矩阵元素为 $W_{ij}=1/d_{ij}$。如果 $i=j$，则 $W_{ij}=0$。

（三）经济规模与邻接复合矩阵

该矩阵综合考虑了空间是否相邻和经济发展水平差距的两个权重矩阵。空间相邻矩阵在上文中已经提到过，在此主要介绍经济规模差异矩阵。我国各省份之间的竞争关系不仅取决于其空间或地理关系，而且在很大程度上受到了经济发展水平相似性的影响。一般将人均 GDP 作为衡量经济发展水平的指标，因此，矩阵元素设定见式(6-12)：

$$W_{ij} = \frac{1}{|\text{gdp\_ca}_i - \text{gdp\_ca}_j|} \tag{6-12}$$

其中，gdp_ca_i 和 gdp_ca_j 分别表示两个地区的人均 GDP，二者相减并取绝对值，然后再取倒数，用来衡量两个地区在经济发展水平上的差距大小。当然，如果 $i=j$，则 $W_{ij}=0$。

经济规模与邻接复合矩阵元素的取值基于邻接矩阵，也与经济规模差异矩阵相关，即两个矩阵的相乘，其元素取值为第一种空间权重矩阵和经济规模矩阵的乘积所对应的元素值。其元素取值见式(6-13)：

$$W_{ij} = [\boldsymbol{W}^{1b}\boldsymbol{W}^{eco}]_{ij} \tag{6-13}$$

其中，$\boldsymbol{W}^{1b}$ 为第一种空间矩阵，$\boldsymbol{W}^{eco}$ 为以所有时期某地区 GDP 的平均值占所有地区 GDP 平均值和的比重作为主对角线元素、其余元素为 0 的经济规模权重矩阵。经济规模与邻接复合矩阵表明经济发展水平差异带来的竞争关系只在相邻的地区存在，这样既克服了邻接矩阵中将所有相邻省份对一个地区的影响假定为相同的不足，也克服了经济规模差异矩阵中可能错误设定了不相邻距离很远的省份之间的经济竞争关系。

（四）经纬度与经济规模复合矩阵

第四种空间权重矩阵 $\boldsymbol{W}_4$ 基于经纬度距离倒数的平方与经济规模矩阵的乘积所对应的元素值，处理方法参考范巧，Hudson Darren(2018)。其中经纬度距离倒数的平方与经济规模矩阵元素取值按照式(6-14)、式(6-15)来处理：

$$W_{ij} = \left(\frac{1}{d_{ij}^2}\right) \Big/ \sum_{j=1}^{n} \left(\frac{1}{d_{ij}^2}\right) \tag{6-14}$$

其中，$i,j=1,2,3,\cdots 30$，表示全国 30 个省、自治区和直辖市，其中西藏由于缺乏数据，并未纳入考虑。

$$d_{ij} = r_e \times \arccos[\sin(\varphi_i)\sin(\varphi_j)] + \cos(\varphi_i)\cos(\varphi_j)\cos(\tau_j - \tau_i) \tag{6-15}$$

其中，r_e 为地球半径；φ_i、φ_j 分别为地区 i、j 的经度；τ_i、τ_j 分别为地区 i、j 的纬度。

本研究使用对被设计行随机进行标准化处理的矩阵 $\boldsymbol{W}_{ij}^{*}$，$\boldsymbol{W}^{*}{}_{ij}=\dfrac{W_{ij}}{\sum_{j} W_{ij}}$，$\boldsymbol{W}_{ij}^{*}$ 表示标准化后的矩阵。通过对相邻矩阵进行变换，使之行和为1，这个过程称为相邻矩阵的标准化。这样就得出标准化后的第一秩序连续的关系矩阵。这时，$\boldsymbol{W}$ 很自然地就是所有空间单元与单元在相邻关系中的权，矩阵 $\boldsymbol{W}$ 的行和为1，列和不一定为1，即矩阵 $\boldsymbol{W}$ 不一定是对称矩阵。通过行随机标准化处理得出上述四种空间权重矩阵分别为 $\boldsymbol{W}_1$，$\boldsymbol{W}_2$，$\boldsymbol{W}_3$，$\boldsymbol{W}_4$，如图6-1所示。

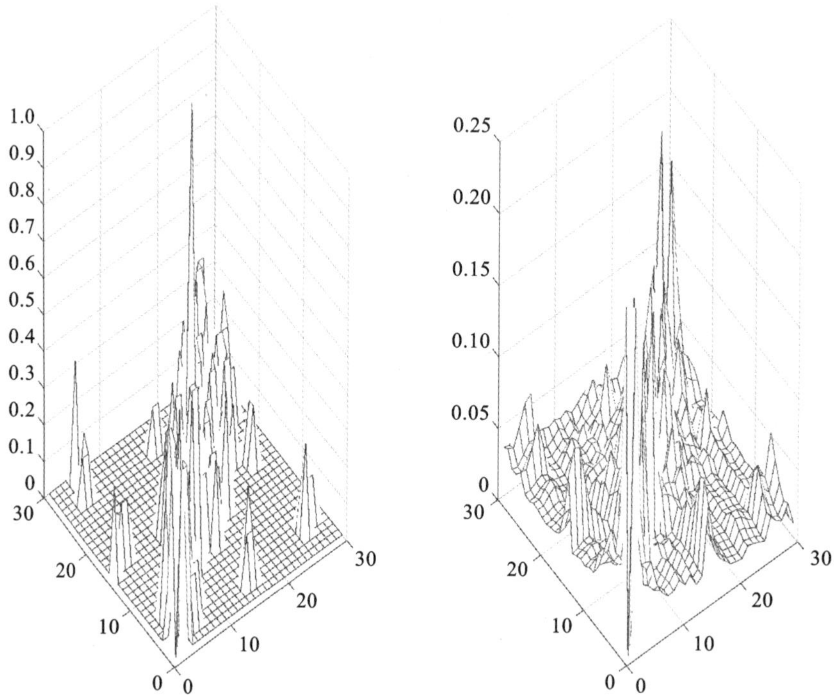

$\boldsymbol{W}_1$：基于邻接距离　　　　$\boldsymbol{W}_2$：基于省会公路距离倒数

图 6-1　经过行随机标准化处理的四种空间权重矩阵

注：作者基于中国行政区划地图、各省政府所在地之间距离的公路测距、各省政府网站公布的经纬度、2000—2019年《中国统计年鉴》等资料进行外生设定和计算，并经标准化处理得到四种空间权重矩阵。

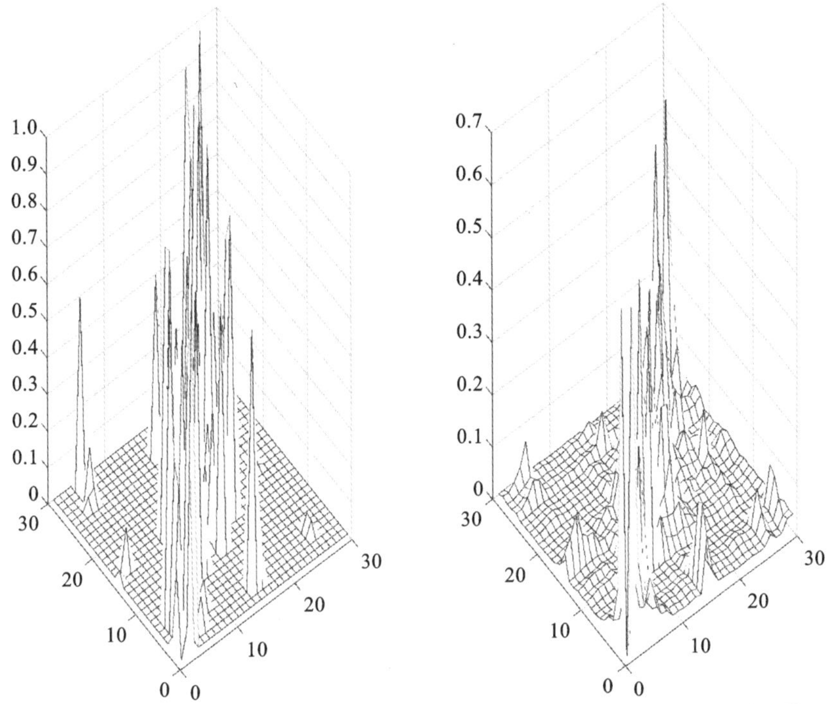

W_3：基于社会经济规模　　　W_4：基于经纬度距离倒数平方与经济规模

续图 6-1

四、农业生态资本投资的空间相关性

（一）全局空间相关性分析

由于生态系统具有流动性和整体性，农业生态资本投资过程中产生的资源和效益流动不受地区行政边界的限制。在 $\boldsymbol{W}_1$、$\boldsymbol{W}_2$、$\boldsymbol{W}_4$ 权重矩阵下，1999—2018 年中国农业生态资本投资的全局 Moran's I 均为正值，且全部通过 $P<0.05$ 的显著性水平检验，说明中国生态资本投资水平存在显著的全局空间集聚效应。但是在 $\boldsymbol{W}_3$ 经济权重矩阵下，全局 Moran's I 大部分都不显著，说明经济规模差异空间矩阵不适合分析农业生态资本投资的空间相关性。基于此，本研究后面在做空间计量分析时仅考虑 $\boldsymbol{W}_1$、$\boldsymbol{W}_2$ 和 $\boldsymbol{W}_4$ 三个权重矩阵下的实证结果。表 6-2 给出了 1999—2018 年中国省域农业生态

资本投资的全局 Moran's I,所有指数为正值且显著,可以看出中国生态资本投资水平存在高—高型集聚和低—低型集聚的空间正相关特征,而且这种邻近地区间的作用呈现逐年降低的趋势。这表明高—高型集聚和低—低型集聚的空间集聚性特征正在减弱。主要是因为是各个地区之间农业生态资本投资行为最初主要以"邻里效仿"为主,随着农业生态资本投资活动在全国范围内的试点、推广,越来越多的地区开始关注自身的农业生态价值和生态优势,慢慢探索出适合本地区的农业生态资本投资方式,从单纯的模仿逐渐走向创新。

表 6-2　农业生态资本投资的全局 Moran's I

年份	W_1		W_2		W_3		W_4	
	Moran's I	*P* 值	Moran's I	*P* 值	Moran's I	*P* 值	Moran's I	*P* 值
1999	0.299	0.003	0.302	0.007	0.102	1.344	0.309	0.019
2000	0.278	0.004	0.281	0.009	0.095	1.345	0.288	0.025
2001	0.267	0.006	0.233	0.014	0.091	1.348	0.198	0.038
2002	0.262	0.007	0.265	0.016	0.089	1.349	0.272	0.044
2003	0.265	0.006	0.263	0.014	0.090	1.348	0.261	0.038
2004	0.267	0.006	0.270	0.014	0.091	1.348	0.277	0.038
2005	0.258	0.007	0.251	0.016	0.088	1.349	0.245	0.044
2006	0.277	0.005	0.280	0.012	0.094	1.347	0.287	0.032
2007	0.269	0.005	0.272	0.012	0.091	1.347	0.279	0.032
2008	0.259	0.007	0.262	0.016	0.088	1.349	0.269	0.044
2009	0.249	0.009	0.251	0.021	0.085	1.352	0.260	0.057
2010	0.246	0.010	0.248	0.023	0.084	1.353	0.257	0.063
2011	0.242	0.010	0.244	0.023	0.082	1.353	0.253	0.063
2012	0.213	0.019	0.215	0.044	0.072	1.365	0.224	0.020
2013	0.209	0.021	0.211	0.049	0.071	1.368	0.220	0.033
2014	0.205	0.022	0.207	0.051	0.070	1.369	0.217	0.039
2015	0.180	0.036	0.182	0.084	0.061	1.388	0.192	0.028
2016	0.171	0.043	0.173	0.101	0.058	1.398	0.183	0.073
2017	0.162	0.049	0.164	0.115	0.055	1.406	0.174	0.011
2018	0.176	0.039	0.178	0.091	0.060	1.392	0.188	0.047

（二）局部相关性分析

全局 Moran's I 只能反映所有空间单元在全局上的空间分布特征，而对于局部上的空间分布情况则无法考察，这里需要引入局部空间散点图。为深入考察不同区域农业生态资本投资在局部上的空间分布特征，本研究通过采用局部空间相关性指标——局部空间散点图来研究被考察对象内部详细的空间差异性问题。其中，局部 Moran's I 的公式见式(6-16)：

$$I=\frac{(x_i-\bar{x})}{S^2}\sum_{j=1}^{n}W_{ij}(x_i-\bar{x})(x_j-\bar{x}) \tag{6-16}$$

$\boldsymbol{W}_1$ 矩阵下的农业生态资本投资的局部 Moran's I 如表 6-3 所示。

表 6-3　$\boldsymbol{W}_1$ 矩阵下的农业生态资本投资的局部 Moran's I

省　份	1999	2008	2018	省　份	1999	2008	2018
北京	−0.668	−0.559	−0.006	河南	1.345	1.141	0.972
天津	−0.457	−0.396	0.047	湖北	0.069	0.041	0.14
河北	0.693	0.461	−0.004	湖南	−0.018	−0.028	−0.017
山西	−0.08	−0.421	−0.447	广东	−0.184	−0.259	−0.241
内蒙古	0.098	0.077	0.005	广西	0.035	0.009	−0.026
辽宁	0.137	0.11	−0.069	海南	−0.461	−0.794	−1.246
吉林	0.028	0.128	−0.141	重庆	−0.045	0.03	−0.124
黑龙江	0.213	0.239	0.022	四川	−0.226	−0.344	−0.26
上海	−1.344	−1.487	−1.283	贵州	0.144	0.11	0.022
江苏	0.99	1.127	1.382	云南	−0.006	−0.009	0.063
浙江	0.008	0.101	0.153	陕西	0.006	−0.002	0.019
安徽	0.587	0.592	0.945	甘肃	0.105	0.112	0.139
福建	−0.112	−0.158	−0.121	青海	0.471	0.316	0.363
江西	−0.095	−0.016	−0.042	宁夏	−0.112	0.031	0.16
山东	1.593	1.637	1.561	新疆	0.555	0.294	0.232

图 6-2 给出了 W_1 矩阵下 1999 年、2008 年和 2018 年的三年的局部莫兰散点图。1999 年各省份农业生态资本投资指数主要呈现高高型集聚和低低型集聚，其中山西、安徽、辽宁、吉林、内蒙古、湖北、河北、河南、江苏、山东等省份属于高高型区域，而低低型的省份主要集中在宁夏、福建、重庆、贵州、广西、甘肃、青海、新疆等地。2008 年，山西、吉林、内蒙古退出了高高型区域，而浙江则进入了高高型区域。福建退出了低低聚集型省份行列，陕西则进入了低低聚集型省份行列。2018 年辽宁、河北退出了高高聚集型省份行列。北京、天津、云南进入了低低型聚集省份行列。将 1998 年、2008 年和 2018 空间集聚情况进行对比可以看出，高高型聚集省份整体来讲变化不大，低低型聚集省份在逐渐增加，同时农业生态资本投资高高集聚地区呈现从中西部地区向东部地区集中的演变特征。

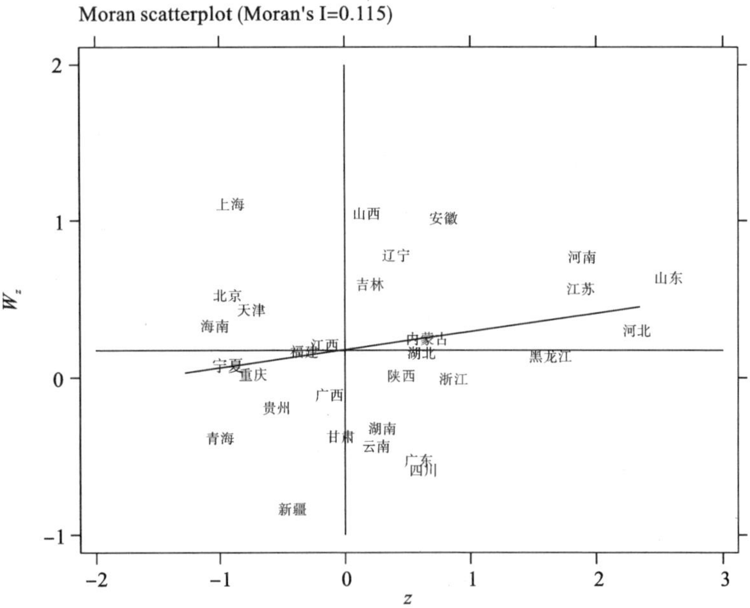

(a) 1999年

图 6-2　W_1 矩阵下的 1999 年、2008 年和 2018 年中国各省份局部空间散点图

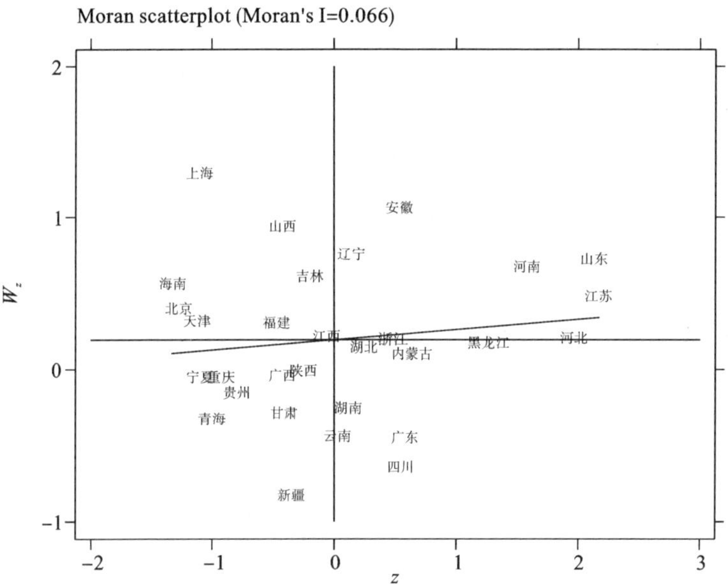

(b) 2008年

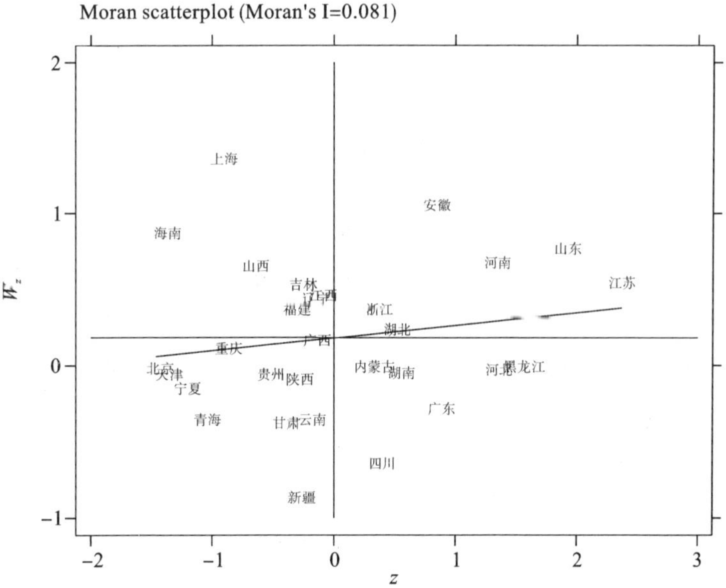

(c) 2018年

续图 6-2

W_2 矩阵下的农业生态资本投资的局部 Moran's I 如表 6-4 所示。

表 6-4　W_2 矩阵下的农业生态资本投资的局部 Moran's I

省　份	1999	2008	2018	省　份	1999	2008	2018
北京	−0.661	−0.394	−0.016	河南	1.271	1.146	0.954
天津	−0.446	−0.244	0.06	湖北	0.06	0.046	0.134
河北	0.67	0.396	0.044	湖南	−0.034	−0.042	−0.013
山西	−0.119	−0.432	−0.448	广东	−0.22	−0.345	−0.289
内蒙古	0.095	0.076	0.002	广西	0.021	−0.018	−1.284
辽宁	0.139	0.121	−0.014	海南	−0.546	−1.038	−0.169
吉林	−0.056	−0.121	−0.13	重庆	−0.054	0.025	−1.284
黑龙江	0.194	0.246	0.047	四川	−0.251	−0.242	−0.303
上海	−1.4	−1.503	−1.268	贵州	0.124	0.123	0.012
江苏	1.038	1.137	1.348	云南	−0.005	−0.018	0.014
浙江	0.007	0.087	0.115	陕西	0.004	0.003	0.021
安徽	0.6	0.634	0.916	甘肃	0.104	0.115	0.155
福建	−0.133	−0.181	−0.137	青海	0.462	0.325	0.362
江西	−0.109	−0.043	−0.054	宁夏	−0.091	0.007	0.19
山东	1.595	1.688	1.604	新疆	0.556	0.275	0.25

图 6-3 给出了 W_2 矩阵下 1999 年、2008 年和 2018 年中国各省份局部莫兰散点图。1999 年各省份农业生态资本投资指数主要呈现高高型集聚和低低型集聚，其中辽宁、安徽、河南、江苏、河北、山东、湖北、内蒙古等省份属于高高型聚集区域，而低低型聚集的省份主要集中在宁夏、重庆、贵州、广西、甘肃、青海、新疆、云南等地。2008 年吉林进入了高高型聚集区域，湖北则退出了高高型聚集区域。云南退出了低低型聚集省份行列。2018 年辽宁、河北、内蒙古退出了高高型聚集省份行列。北京、天津进入了低低型聚集省份行列。将 1998 年、2008 年和 2018 年空间集聚情况进行对比可以看出，高高型聚集省份在减少，低低聚集型省份在逐渐增加，且高高型聚集省份主要集中在东部和中部地区，而低低集聚型省份主要集中在西部地区。

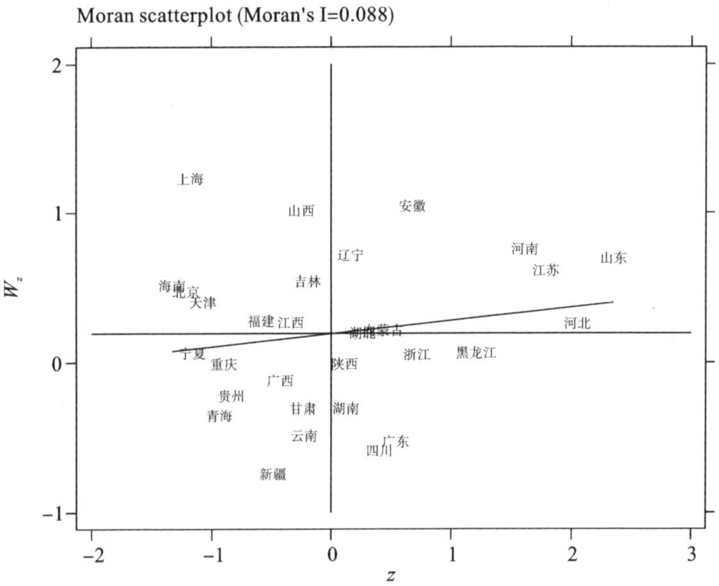

(a) 1999年

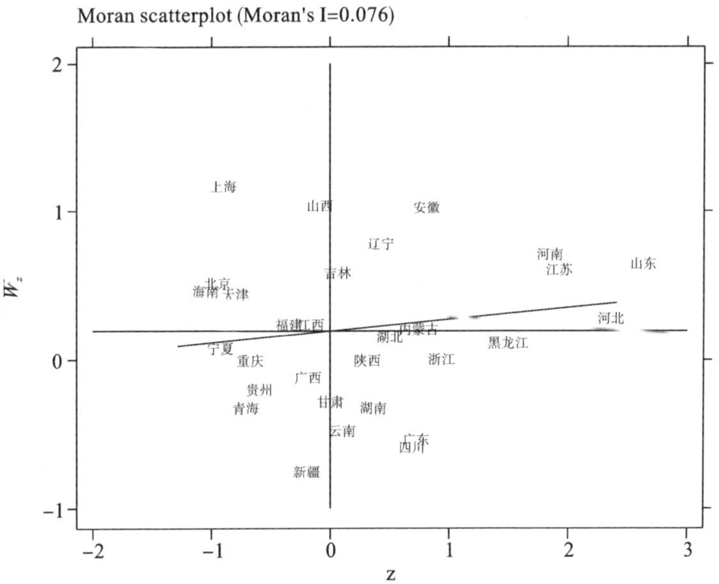

(b) 2008年

图 6-3　W_2 矩阵下的 1999 年、2008 年和 2018 年中国各省份局部空间散点图

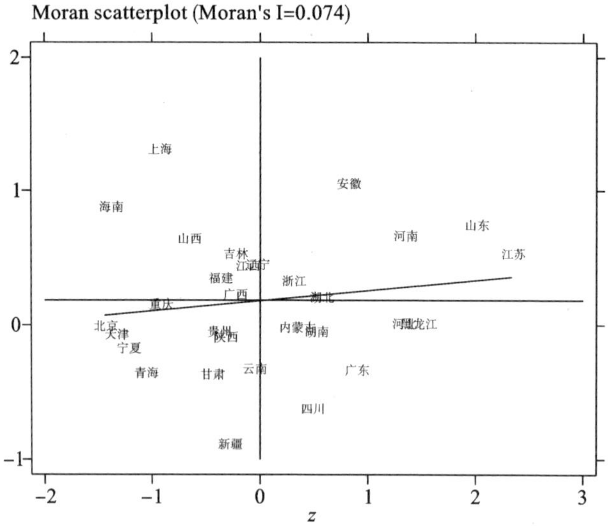

(c) 2018年

续图 6-3

W_4 矩阵下的农业生态资本投资的局部 Moran's I 如表 6-5 所示。

表 6-5　W_4 矩阵下的农业生态资本投资的局部 Moran's I

省　份	1999	2008	2018	省　份	1999	2008	2018
北京	−0.655	−0.616	−0.802	河南	1.212	1.287	1.251
天津	−0.502	−0.464	−0.603	湖北	0.047	0.059	0.035
河北	0.649	0.596	0.627	湖南	−0.037	−0.038	−0.117
山西	−0.357	−0.263	−0.364	广东	0.26	−0.28	−0.229
内蒙古	0.107	0.09	0.108	广西	0.043	0.042	0.027
辽宁	0.147	0.129	0.121	海南	−0.647	−0.731	−0.637
吉林	−0.11	−0.113	−0.115	重庆	−0.009	−0.013	−0.029
黑龙江	0.168	0.106	0.115	四川	−0.267	−0.235	−0.201
上海	−1.403	−1.509	−1.418	贵州	0.16	0.175	0.15
江苏	1.1	1.182	1.135	云南	0.068	0.107	0.35
浙江	0.018	0.054	0.047	陕西	0.001	0.002	0.001
安徽	0.651	0.746	0.502	甘肃	0.067	0.069	0.037
福建	−0.159	−0.182	−0.146	青海	0.3	0.32	0.32
江西	−0.106	−0.103	−0.095	宁夏	0.109	−0.101	−0.149
山东	1.661	1.731	1.608	新疆	0.329	0.362	0.359

图 6-4 给出了 W_4 矩阵下 1999 年、2008 年和 2018 年中国各省份局部莫兰散点图。1999 年各省份农业生态资本投资指数主要呈现高高型集聚和低低型集聚，其中辽宁、安徽、河南、江苏、河北、河南、山东、湖北、内蒙古、黑龙江等省份属于高高型区域，而低低型的省份主要集中在宁夏、重庆、贵州、广西、甘肃、青海、新疆等地。2008 年浙江进入了高高型聚集区域，黑龙江则退出了高高型聚集区域。陕西进入了低低聚集型省份行列。2018 年高高型聚集省份和低低型聚集省份没有变动。将 1998 年、2008 年和 2018 年空间集聚情况进行对比可以看出，自 2008 年起高高型聚集省份和低低型聚集省份变化不大，具有较为稳定的路径依赖。

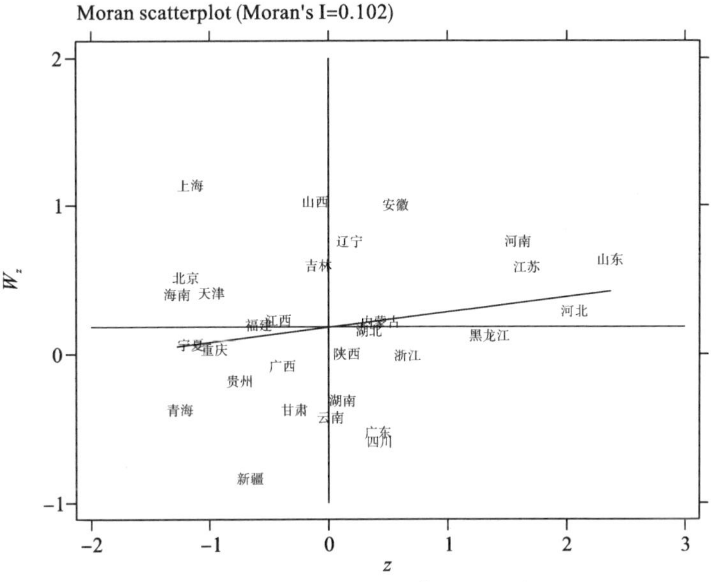

(a) 1999年

图 6-4　W_4 矩阵下的 1999 年、2008 年和 2018 年中国各省份局部空间散点图

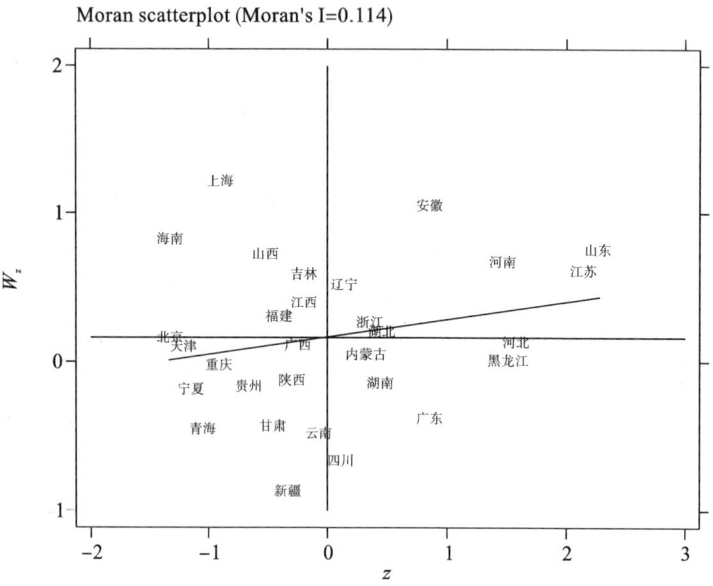

(b) 2008年

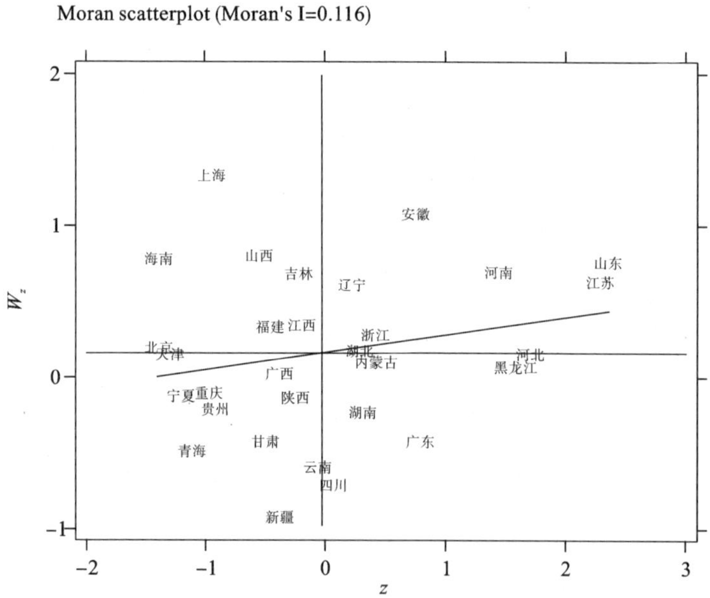

(c) 2018年

续图 6-4

第三节 农业生态资本投资生态溢出效应的模型参数估计与溢出效应

一、理论模型的优选

究竟是否采用空间面板回归模型以及采用空间面板回归模型中的哪种形式，需要借助相关检验统计量的检验结果来判断。首先，采用 Hausma 检验判断使用固定效应回归模型还是随机效应回归模型，检验结果（Hausman 检验值为 5.4608，对应 P 值为 0.0185）表明采用固定效应回归模型较为合适。其次，需要对空间滞后模型和空间误差模型这两个竞争性模型进行比选，这一工作通常由稳健的（robust）LM 统计量检验来完成，其判断标准为：LM 统计量更显著的模型为更合意的模型；若两种模型的 LM 统计量具有相同的显著水平，那么就需要由稳健的（robust）LM 统计量的显著性来确定模型的设定形式。本书这里采用 Matlab 2019b 软件进行空间计量模型的各类检验。

在基于 Queen 空间邻接关系矩阵（$\boldsymbol{W}_1$）设定下，由表 6-6 可知：在混合 OLS 情形下，经典 LM 检验和稳健 LM 检验大多数在 1%水平上拒绝的原假设，表明模型存在空间效应，采用空间面板回归模型较为合适；在空间固定效应情形下，经典 LM 与稳健 LM 空间误差检验均在 1%水平上拒绝不存在空间滞后的原假设，表明在空间固定效应下存在空间滞后项；在时间固定效应下，经典 LM 与稳健 LM 空间误差检验均在 1%水平上拒绝不存在空间滞后的原假设，而不拒绝不存在空间误差的原假设，表明在空间固定效应模型下模型存在空间滞后效应；在双向固定效应下，经典 LM 与稳健 LM 检验均在 1%水平上均拒绝不存在空间误差和空间滞后的原假设，表明在双向固定效应模型下同时存在空间误差效应和空间滞后效应。

表 6-6　Elhorst LM 检验

模型	类别	LM 值	P 值
混合 OLS	LM 空间滞后	37.9878	0.000
	LM 空间误差	38.8163	0.000
	稳健 LM 空间滞后	0.0621	0.803
	稳健 LM 空间误差	16.1357	0.000
空间固定效应	LM 空间滞后	9.6661	0.000
	LM 空间误差	10.0285	0.002
	稳健 LM 空间滞后	13.2096	0.000
	稳健 LM 空间误差	22.7202	0.000
时间固定效应	LM 空间滞后	23.7490	0.000
	LM 空间误差	24.0856	0.000
	稳健 LM 空间滞后	1.0493	0.306
	稳健 LM 空间误差	15.8577	0.000
双向固定效应	LM 空间滞后	16.5421	0.000
	LM 空间误差	25.8028	0.000
	稳健 LM 空间滞后	11.5512	0.001
	稳健 LM 空间误差	20.8120	0.000

注：本文使用的 Matlab 官方平台发布的 Elhorst LM 检验程序包完成。

与此同时，还应检验空间杜宾模型能否简化为空间滞后模型或空间误差模型，使用 Wald 检验和 LR(likelihood ratio)检验进行判断。由表 6-7 检验结果可知，Wald 检验和 LR 检验结果均在 5%水平上拒绝原假设，表明采用空间杜宾模型较为合理。

空间杜宾模型具体使用何种固定效应，需要进一步检验来判断。从表 6-8 检验结果可知，LR 检验在 5%水平上拒绝了时间固定效应不显著的原假设，不拒绝空间固定效应不显著的原假设。因此，使用双固定效应下的空间面板模型较为合适。

表 6-7　Wald 检验与 LR 检验

假设检验	Wald 检验		LR 检验	
	Wald 值	P 值	LR 值	P 值
原假设 H_0：模型可简化为空间滞后模型 备择假设 H_1：模型不可简化为空间滞后模型	72.3342	0.0000	74.1192	0.00000
原假设 H_0：模型可简化为空间误差模型 备择假设 H_1：模型不可简化为空间误差模型	89.5085	0.00000	83.2338	0.00000

表 6-8　LR 检验

假设检验	LR 值	P 值
原假设 H_0：空间固定效应不显著 备择假设 H_1：空间固定效应显著	17.3544	0.0000
原假设 H_0：时间固定效应不显著 备择假设 H_1：时间固定效应显著	1805.0614	0.0000

二、空间杜宾模型参数估计

依据表 6-9 普通面板回归结果及表 6-10 空间面板模型的估计结果（双向固定效应），空间模型判定系数远远高于普通面板 OLS 回归模型中的判定系数，故采用空间计量模型的估计结果较普通模型实现了改进和优化。空间杜宾双向固定效应模型的拟合度高于空间滞后模型和空间误差模型。然后通过对空间杜宾模型双向固定效应模型下的三种权重矩阵设定下拟合度判定系数进行比较，W_1、W_2 和 W_4 分别为 0.911、0.909、0.907。这表明基于 Queen 空间邻接关系 $\boldsymbol{W}_1$ 矩阵设定下的空间杜宾双向固定效应模型的拟合度最优，后面在做空间效应分解时仅考虑基于 W_1 设定下的实证结果。

表 6-9　普通面板回归结果

变　　量	估　计　值	t-statistic	t-probability
constant	−5.0745	−7.3413	0.0000
gdp	0.0480	0.8844	0.3767

续表

变 量	估 计 值	t-statistic	t-probability
pop	0.0940	2.0949	0.0365
tec	0.3013	8.5962	0.0000
fin	−0.0145	−0.3769	0.7063
inc	−0.1505	−2.0311	0.0426
edu	0.3339	8.0345	0.0000
R-squared	0.6490		
Adjusted R^2	0.6462		
Log-likelihood	−140.64		
LM test no spatial lag, probability		21.3151	0.000
Robust LM test no spatial lag, probability		49.9244	0.000
LM test no spatial error, probability		136.0248	0.000
Robust LM test no spatial error, probability		183.2381	0.000

表 6-10 空间面板模型的估计结果(双向固定效应)

变量	W_1			W_2			W_4		
	SAR	SEM	SDM	SAR	SEM	SDM	SAR	SEM	SDM
gdp	0.233***	0.094**	0.136***	0.2482***	0.148***	0.0386	0.235***	0.135**	0.062
pop	0.163***	0.051***	0.038***	−0.168***	0.107**	0.0546	−0.14***	0.078**	0.038
tec	0.415***	0.258***	0.429***	0.425***	0.353***	0.0473**	0.369***	0.318***	0.381***
fin	0.123***	−0.106*	0.080**	0.1306***	0.157*	0.0448	0.052**	−0.075**	−0.005
inc	−0.312***	−0.125**	−0.203**	−0.341***	−0.225**	−0.179**	−0.119**	−0.213**	−0.085*
edu	0.427*	0.158***	0.345***	0.417***	0.063**	0.399***	0.413***		0.416***
W * pop			−0.416***			−1.24***			−0.232
W * gdp			0.0906***			−1.26***			−0.79***
W * tec			−0.518***			−1.15***			−0.132
W * fin			−0.478***			−1.54***			−0.69***
W * inc			0.0764***			1.626*			1.318***

续表

变量	W_1			W_2			W_4		
	SAR	SEM	SDM	SAR	SEM	SDM	SAR	SEM	SDM
W * edu			0.0381			0.065***			0.191
rho/lamda	0.0579***	0.142***	0.4389***	0.274***	0.178***	0.376***	−0.23***	−0.21***	−0.575
R-squared	0.9054	0.8954	0.9117	0.8771	0.8745	0.8933	0.8617	0.8609	0.8995
Adj R-squared	0.9013	0.8913	0.9043	0.8732	0.8726	0.8902	0.8738	0.8612	0.8962
log-L	−100.414		45.8631	−78.506	119.43	−98.229	−101.08	−123.26	−80.371

检验方法	估计值	P值	估计值	P值	估计值	P值
Wald_spatial_lag	14.432***	0.006	14.3646***	0.0035	43.2272***	0.0000
LR_ spatial_lag	14.6006***	0.0056	14.0943***	0.0039	41.4235***	0.0000
Wald_spatial_error	14.8215***	0.0051	13.1984***	0.0052	34.6687***	0.0000
LR_ spatial_error	16.0799***	0.0029	12.9834***	0.0051	33.6098***	0.0000
Hausman_test	24.4030***	0.0003	26.1996***	0.0003	36.4175***	0.0000

注：***、**、*分别表示在1%、5%和10%显著性水平上显著。

下文重点对各变量的估计系数根据实际情况进行解释分析。

(1) 农业生态资本投资。农业生态资本投资的估计系数为负，且通过了1%显著水平的检验。这说明农业生态资本投资能够减少农村生态环境的污染，改善生态环境。农业生态资本投资的具体措施，如生态污染治理、生态修复、生态补偿等可以改善农村生态，增加农业生态资本存量，提高农村生态系统质量。

(2) 人口规模。人口规模的估计系数为正，且通过了1%显著水平的检验。说明人口密度对农村生态环境污染具有显著的正向影响。人口密度较高的农村区域通常会产生大量的生活垃圾，需要消耗更多生态资源，对农业生态环境造成更严重的破坏。人口密度增加也会促使生态资源使用效率提高和共享环保设施的增加，比如人口密集区更容易建设配套的农村生活污水、生活垃圾处理设施，购置配套的农作物秸秆回收、利用设备，以及畜禽养殖污染物的收集、贮存、转运，从而降低农村环境污染程度。就本研究的分析结果看，人口聚集对农村生态污染的负外部性发挥了主要作用，而正外部性效应不明显。这要求我国对农村人口聚集区域生活配套的环保基础设施投入更多，以提高人口集聚在提升资源环境效率方面的正外部性。

(3) 经济发展水平。农村经济发展水平对农村生态资本投资增长有显著的影响。一方面，农业生态资本投资资金本身来源于区域经济的发展，因此随着区域经济发展水平的提高，农业生态资本投资资金也会增长。另一方面，环境污染水平与经济发展呈现倒 U 形的关系，在到达拐点之前污染水平和经济发展水平是同比例上升的，农业生态资本投资也会随着经济发展水平的发展而增加，因此不同阶段农业生态资本投资对生态环境的影响是不一样的。

(4) 技术水平。技术水平显著的估计系数为正，且通过了 1%显著水平的检验。说明农业技术水平的投入并未对农业生态资本的产生明显的促进作用。农业生态资本投资尤其是农业生态产业投资依靠技术投入。通过技术创新促进技术的生态化发展，提高生态资源的利用率和产出率，降低资源消耗，减少污染排放，从而降低生产成本、增加产品的附加值、提高产品的生态位，将农业生态资本投资维持较高收益率。农业生态资本投资收益水平的提高能够激发更多的社会资本进入该领域，提高农业生态资本投资水平，减少农业生态污染，提高农业生态环境质量。

(5) 财政收入。财政收入的估计系数为正，且通过了 5%显著水平的检验。这主要是因为我国农业生态资本投资以政府投资为主，财政收入是农业生态资本投资资金的主要来源。农业生态资本投资由于其投资性质的特殊性，属于环境公共产品。公共产品的公益性很大程度上降低了私人投资主体的投资意愿。因此，现阶段财政收入对农业生态资本投资具有较大的影响。

(6) 农村居民富裕程度。农村居民富裕程度的估计系数为负，且通过了 5%显著水平的检验。这主要是因为农业生态资本投资以政府投资为主，具有较强的外部性，其涵盖的领域包括农业生态污染治理、农业生态系统修复、农业生态系统保育等以及农村公共基础设施的建设，这些领域的投资具有投资规模大、资金周转慢、建设周期长、收益具有滞后性的特点，且具有很强的外溢性，导致收益率非常低。尽管农业生态资本投资在改善生态环境上有显著的社会效益，但是其经济效益并不明显，因而降低了农户对农业生态资本投资的积极性。因此农村居民富裕程度对生态环境质量的影响是不显著的。

(7) 农村居民受教育水平。农村居民受教育水平的估计系数为正，说明农村居民受教育程度的提高能够促进农业生态资本投资的发展。农村地区的教育水平尤其是生态文明教育对于培育和提升农村地区公众的生态文明素养和环境保护意识有重要作用。环境教育可以推动农村地区公众积极、主动、有效参与生态环境保护和污染治理，保障农村生态资本投资活动的推进和落实，从而提高生态环境质量。

三、空间溢出效应分析

基于 Queen 空间邻接关系 W_1 矩阵设定下的空间杜宾双向固定效应模型的参数估计结果，可分别得到各变量的空间总效应、直接效应和间接效应，结果如表 6-11 所示。

表 6-11 空间杜宾模型直接效应、间接效应与总效应

效应	直接效应		间接效应		总效应	
	系数	*P* 值	系数	*P* 值	系数	*P* 值
E	0.7887	0.0000	0.3254	0.0001	0.4633	0.0026
pop	0.6601	0.0087	−0.2184	0.0001	0.4417	0.0004
gdp	0.1552	0.0026	0.2544	0.0017	0.4096	0.0571
tec	0.3869	0.0000	0.2476	0.0000	0.6345	0.0016
fin	0.021	0.0602	−0.2343	0.0445	−0.2133	0.0001
inc	−0.113	0.0247	1.1178	0.0004	1.0046	0.0031
edu	0.3571	0.0000	0.1803	0.0027	0.5374***	0.0091

从农村人口规模来看，直接效应系数为 0.6601 在 1% 的水平显著，间接

效应系数为－0.2184在1%的水平显著，可见农村人口规模对本地区农业生态资本投资具有促进作用，而对于邻近地区的农业生态资本投资行为产生抑制作用。产生这种结果的原因可能是在农村人口聚集区域进行农业生态资本投资行为时，可能会吸引邻近区域的人力资源和物质资源，从而导致邻近地区的人力和物力资源缺乏，降低了邻近区域的生态资本投资水平。

农村经济发展水平对农业生态资本投资的直接效应系数为0.1552，间接效应系数为0.2544，均通过了1%显著性水平的检验。可见农村经济发展对本区域和邻近区域的农业生态资本投资产生推动作用。农村地区经济的发展加快了各区域之间资金、人口、技术等要素的流动，加快了生态资源开发和利用，推动资源变资产、资产变资本、资本变成资金，实现了各类要素在更大区域范围内的优化配置，推动了农业生态资本投资的发展，提高农业生态环境水平。

技术水平的直接效应系数为0.3869，间接效应系数为0.2476。可见，技术水平对本区域和邻近区域的农业生态资本投资产生推动作用。一方面，农业技术在促进本地区农业生态资本投资水平的同时也对周边地区形成扩散效应，邻近地区吸收外来的技术及经验，从而获得更高的效益。另一方面，技术水平的提高使农业生态资源的利用率和产出率也得到了提高，降低资源消耗，减少污染排放，从而降低生产成本、增加产品的附加值，大大提高了农业生态资本投资收益，引发邻近区域的绿色模仿行为。

财政收入的直接效应系数为0.021，间接效应系数为－0.2343。说明财政收入能够促进本地区农业生态资本投资，但对邻近地区生态资本投资产生抑制作用。可能的原因是农业生态资本投资具有外溢性，这种有利于相邻地区的农业生态资本投资行为会使得周边地方政府产生“搭便车”的行为，也会让本区域政府强化以改善局部环境质量为目标的治污模式，从而降低周边区域农业生态资本投资水平，对农业生态污染的治理产生消极的影响。

农村居民富裕程度的直接效应系数是－0.113，间接效应系数是1.1178，说明农村居民富裕程度对本区域农业生态资本投资具有抑制作用，而对于相邻地区具有促进作用。这主要是因为农业生态资本投资具有公共品性质，其所有权和收益权分离。当本地区进行农业生态资本投资时，该区域生态服务功能得到显著改善后，周边区域也得到改善，因此本区域农业生态资本投资的真实收益很难实现，农户收入也很难提高。农业生态资本投资未能帮助实现良好的经济效益，农业生态资本投资无法获得持续发展的物质和金融支持。这种发展模式不具有可持续性，甚至导致当地村民陷入“生态贫困”的危机。

教育水平对农业生态资本投资的直接效应系数为 0.3571，间接效应系数为 0.1803 在 1%的水平显著，可见，教育水平对本地区和邻近区域的农业生态资本投资具有促进作用。教育水平的提高能够让农村居民意识到生态环境的重要性，提高居民的环境保护意识。同时随着人口的流动，教育也随着农村人口流动而溢出到其他区域，从而提高了周边区域农村居民的环保意识，进而推动农业生态资本投资的发展，提高生态环境质量。

第七章　优化溢出效应、促进农业生态资本投资水平提升的对策

农业生态环境是人类赖以生存和发展的基础，农业生态环境发展关系到广大人民的根本利益，关系着中华民族的长远利益，也是实现农业可持续发展和乡村振兴的必然要求。近年来，农业环境污染问题的严峻性、绿色发展的重要性和生态文明建设的紧迫性已极度凸显。考虑到中国的环境污染现状和现实发展情况，综合本书的理论和实证研究发现，建议从以下几个方面着手，充分考虑多维异质性因素，采取有力措施优化农业生态资本投资水平生态溢出效应，提升农业生态资本投资水平。

第一节　构建顶层制度保障设计

一、产权保障制度

产权保障制度是农业生态资本投资的前提和关键。农业生态环境与自然资源的市场价格以及相应的价格、财政、投资和消费等政策的实施效果皆取决于其产权价格。农业生态资本投资产权保障制度包括产权界定、交易权安排、产权交易制度三个层次。针对其中存在的问题，从激励的角度，建议采取以下路径及对策。

第一，实现农业生态环境与资源使用权与经营权的市场化。推进农业生态资本投资要求必须具有稳定的产权。首先明确农业生态环境和资源的产权主体，再界定其使用权和经营权，最终实现部分所有权的市场化。对于市场化的措施，应按照资源和环境的特征，技术性分离使用权与经营权，明确各自的权利职责，鼓励引进民企和外企，使非国有性质企业逐步成为农业

生态环境和资源经营领域中的主体，减少国企的占有比重，促进形成多种所有制结构构成的多元化农业生态环境和资源的经营体制。具体措施如下：使不可再生资源（淡水、大气等）、具有农业生态保护作用的可再生资源（生态林、草原）等公共性、公益性和外部性强的资源的使用权和经营权合一，由公共事业部门统一经营管理，或者由具有严格监管制度的企业经营；分离公共性和外部性较弱、排他性和竞争性较强的农业生态资源（荒地、经济林、生产用水）的使用权与经营权，将经营权进行市场化交易，激发涉农企业发展农业循环经济的积极性。当然，在这一过程中，首先应由国家出台相关的法规政策，保障经营权与使用权相关交易的合法性，保证市场稳定。

第二，部分环境和资源的产权私有化，形成公私并轨运营的混合产权。引入健全的市场机制，完善农业生态资源资本化产权市场，需要根据农业生态资源多样化的特征建立多种所有权体系。具体的建议措施是：产权界限明晰的农业生态资源（矿山、草原），在权衡公共利益、所有者和使用者的利益之后，根据其公益性、公共性及外部性的强弱，将其所有权以行政分配或拍卖方式出售给不同产权主体；而产权界限不明晰且公共性强的农业生态资源（海域、大气），为提高其资源利用效率，应继续维持公共所有权主体，政府机构作为所有者，进行统一管理。

第三，完善环境纳污资源所有权交易制度。自然环境的纳污容量与净化能力是有限的，在环境纳污资源产权安排上，需要考虑自然环境的容量大小和其净化能力两个方面，有必要建立可回收的环境纳污资源产权制度。首先，企业购买或以其他方式获得的排污权可以归企业所有，在规定期限内自行分配排污权，多余部分可出售给其他企业，以此鼓励企业降低排污，将社会排污控制在自然环境总容量和净化能力范围内。其次，还可以实行间接纳污资源产权制度，鼓励企业投资建设排污工程和设施，以间接方式获取环境纳污产权，将降低排污发展成企业的一项业务。如果交易市场中有多个排污企业能够实现自由交易，当排污权市场供需达到平衡点时，个体企业的治污成本将会降至最低点，最终使社会总治理成本最小。同时，环境纳污资源产权交易还能够提高市场交易长期收益预期，降低市场交易不确定性，有效地提高交易双方绩效和剩余。因此，部分排污产权私有化，促进形成产权多元化的纳污资源产权结构，是完善我国排污产权市场的必要措施。

二、生产保障制度

农业生态资源产品交易是农业生态资源实现资本化的最终环节。农业生态资源产品只有通过市场化才能实现其最终价值，这也是农业生态资本投资的最终目的。由于农业生态资源的独特性，农业生态资源产品市场化不仅受商品价值规律支配，而且还需要遵循生态规律。这就决定了农业生态资源产品的生产既是经济行为，也是生态行为。因此农业生态资源产品的生产保障制度在农业生态资本投资过程中至关重要。首先，要从源头上削减污染，传统的末端处理模式效益远低于源头降污的环境效益，生产过程中避免污染及有害物质产生，强调降污措施的预防性和环境保护的彻底性。其次，对绿色生产原料的质量提出要求，高效的原料能够保证生产过程中减少资源和能源的消耗，提高资源能源的利用率，降低生产成本。最后，工业生产的末端应消除污染废物，要求产品对环境和人体健康没有威胁，并且使用后易于分解、回收和再利用，降低废物处理的成本。农业生态资本投资生产保障制度的目的是实现经济效益和环境效益。

建立实现农业生态资源的绿色生产制度，具体如下。

第一，建立和完善农业生态资源绿色生产的相关制度。这包括绿色生产技术评估制度、绿色生产审计制度、绿色产品标志制度、绿色产品补贴制度及相配套的优惠税收和信贷制度等，同时还需协调排污收费制度与清洁生产制度的关系。

第二，提高全民的绿色生产意识。通过宣传、教育、培训、处罚等手段提高企业、消费者、地方政府及环境部门、技术开发部门以及社会公众的清洁生产意识。同时我国法律法规应当强化消费者的义务和责任，引导消费者购买绿色清洁产品，并对使用后产生的废弃物进行合理分类和回收处置，树立绿色消费观念。

第三，积极引导技术开发部门开展绿色生产技术创新活动。要把以满足农业生态资源非减量要求为目标的绿色技术发明、绿色技术设计放到与其他技术发明、技术设计同等重要的地位。同时，我国应当尽快建立起一套系统完善的绿色生产咨询体系以及绿色技术信息创新和交流制度，同时应进一步加大对绿色生产技术创新的资金支持力度并落实，鼓励民间资本向绿色技术领域流动，加大力度推广重点领域绿色生产技术创新、成果转化以及先进实用技术。

三、营销保障制度

农业生态资源资本化理念要求进行农业生态资源产品的绿色营销。农业生态资源产品的绿色营销是指农业生态资源产品市场主体为实现社会效益、经济效益、生态效益三者统一，在不破坏环境资源和不危害人体安全的前提下，通过与其他市场主体进行农业生态资源产品的交易从而创造价值，满足自我需求的一种社会管理过程。

农业生态资源产品绿色营销的特点主要表现在：绿色的营销观念、营销环境、营销环节以及农业生态资源产品。农业生态资源产品绿色营销以节约农业生态资源、保护生态环境为核心，从生产、包装、运输到消费环节整个过程中要求具有良好的生态环境和人文环境，重点强调整体的社会效益与生态效益，同时要求农业生态资源产品应具有节约资源、安全、无污染、无公害的特性。

建立农业生态资源产品的绿色营销制度，要求农业生态资源产品营销必须做到：搜集关于农业生态资源产品的绿色信息；制定绿色计划；开发绿色资源；研制绿色产品；制定绿色价格；开辟绿色通道；鼓励绿色消费；弘扬绿色文化；培植绿色标志品牌，完善绿色法规[1]。农业生态资源产品的绿色营销是一种新理论、新观念和新手段。它要求经营主体在不破坏环境资源和不危害人体安全的前提下，通过向顾客提供农业生态资源产品以满足自身经济需求，创造经济与社会价值，实现社会效益、经济效益与生态效益三者统一。当然，与其他制度相同的是，载体是制度得以实现的关键要素，农业生态资源产品则是农业生态资源产品绿色营销制度的最佳载体。农业生态资源产品的生产具有低能耗、清洁、高效等特点，相较于一般农业生态资

[1] 熊文，李秋洪. 论绿色营销与绿色食品[J]. 生态经济，2000(10)：27-30.

源产品,其生产过程更加有利于保护农业生态资源环境和民众的身体健康。针对农业生态资源产品开展的绿色营销,不仅可以满足人民日益增长的绿色消费需求,从而获得较好的经济效益,还能兼顾社会与生态效益。

四、组织保障制度

世界著名经济学家西奥多·舒尔茨对世界各国生产体系研究后指出,任何不能提供富有活力的市场经济组织都不能使企业家才能、生产和劳动达到最优,潜在生产力在许多国家没能实现的原因就是组织无效性。[1] 因此,市场经济条件下的生产,不是单个农业生态资源产权人的自组织行为。在农业生态资源资本化过程中,组织保障是必不可少,具体如下。

第一,要加强与农业生态资源市场化相关改革的衔接协调。要推进农业生态资本投资建设,则要切实落实以下制度:农业生态资源产权制度、农业生态资源统一确权登记制度、空间规划体系、农业生态资源管理体制、资源税费制度、生态保护补偿制度、政府资产报告制度、农业生态资源有偿使用制度、农业生态资源要素市场改革制度、农业生态资源核算制度。

第二,推进各组织部门的强化实施。首先,宣传部门应该加强宣传引导和政策解读,让各地区、各部门系统理解农业生态资本投资的重大意义、基本思路和重点任务,能够高度重视、充分认识农业生态资本投资对于生态文明建设的重要意义。其次,地方各级政府要结合实际,加强研究和探索,为农业生态资本投资提供制度和实践支撑。各有关部门要按照职责分工,落实各自职责,部门之间密切配合,明确责任主体,严格控制时间进度,加强协调指导,确保各具体任务落到实处。最后,加强对公众环保意识和环保行为的宣传教育,进一步推动公众参与环保决策。生态环境保护政策的制定应因地制宜。

第三,加强农业生态资本投资的监督管理。首先,要加强纪检监察部门的法律监督,建立问责性监督机制。加强对农业生态资本投资涉及的权力机构和各行业主管单位履行职能情况的监督力度,维护农业生态资本投资

[1] 刘志文.西部大开发中生态经济与可持续发展[M].北京:中国环境科学出版社,2005。

各个环节上的合法合规性和过程的公正公平性。严明法纪，对破坏农业生态资本投资规则流程，损害国家、集体和群众利益的行为，要按照规章制度严肃惩处。其次，要建立农业生态资本投资交易方的互相监督机制。农业生态资本投资要引入竞争机制，引入农业生态资源中介服务机构，完善相应中介制度，严格防控农业生态资本投资交易中心代替中介服务机构从而造成垄断的新问题。再次，要加强行业行政监督部门的外部监督。农业生态资源行业主管单位对招投标活动的关键环节实行点对点监督控制，侧重对农业生态资本投资交易的领域管理和行政执法监管。

五、技术保障制度

农业生态资本投资的有效运行，要求建立完备的技术保障制度。

第一，建立农业生态资源利用规划信息系统。该系统能对农业生态资源的类型、数量、质量、分布、开发和利用现状动态变化进行科学描述，对农业生态资源信息进行定性、定量、定时分析，具有规划图形和数据查询、规划实施检测以及目标预警等多种功能，向社会各界提供农业生态资源的基础信息和规划信息服务，以便群众对农业生态资源保护和利用情况进行监督，提高规划的社会认知度，加大社会监督力度，确保农业生态资源规划顺利实施。

第二，建立农业生态资源预警和动态监测系统。农业生态资源预警和动态监测系统具有确定警情、寻找警源、分析警讯、报警、排除警情等功能。农业生态资源监测主要是监测农业生态资源的数量、质量、环境变化。农业生态资源监测应当属于常规性监测，每年开展一次，内容包括针对土地、森林等特定农业生态资源类型，国家级政策或省级重大战略重点建设示范区、自然保护地、生态修复示范区等特定地区，以及“三区三线”等特定农业生态资源考核指标，开展高频次的专题性农业生态资源监测；针对突发农业生态资源事件开展不定期的应急监测；针对农业生态资源综合管理和国土空间用途管制的多方面需求，定期或不定期地开展评价分析，以期动态掌控农业生态资源管理和国土空间治理的现状与趋势[1]。

第三，建立农业生态资本投资交易平台和技术。现行的农业生态资源交易平台一般挂靠在公共资源交易平台上，但是我国的公共资源交易平台以国有产权交易为主，同时包含工程招投标、政府采购、土地招拍挂交易。随着国家进一步开放农业生态资源使用权的交易，以农业生态资源使用权为主的个体或者群体逐渐成为农业生态资本投资的交易主体，但现行的农业生态资本投资交易平台很少将其涵盖进去，很难体现该平台在农业生态资本投资交易的作用。同时国内目前的公共资源交易平台建设仍然缺少统一的顶层设计，市场战略定位及经营管理不够创新，缺乏统一的市场管理制度，基本上处于“谁开办、谁管理”状态。因此，应当搭建农业生态资本投资交易的专门平台，强化考核管理、健全征信制度，不断完善规范运行机制，以科技手段防范人为因素干扰，让交易过程更加透明化，以优质服务赢得交易各方认可。

第二节　推进跨区域政府协同治理

跨区域生态治理的合作和共享机制能够有效提升农业生态资本投资生态溢出效应。Carraro 和 Siniscalco(1993)以跨界污染为例证明了国家之间的策略性互动并不必然导致公地悲剧，并且存在很多可能的自愿合作来控制排污量，可以有效保护环境。然而，国际之间的环境协议由于存在严重“搭便车”的动机，需要众多国家参与保障信用承诺，很难实现其效果，有学者认为区域之间的合作对外溢效应扩散更有利。Asheim 等(2006)证明了对于类似减缓气候恶化这样的外溢性环境公共品的供给，区域性合作要比全球性合约更有效，福利会更高。Oates(2011)认为科斯式协商可以达到辖区间外溢性公平的帕累托有效解。国内的学者在相关研究侧重地方合作机制的可能性和有效性。金太军(2007)指出在地方政府之间的博弈过程中，当各地政府的欺诈成本远远大于欺诈收益时，各地地方政府就会在博弈中

[1] 浙江省自然资源监测中心。

采取合作的策略。也就是说，虽然博弈过程可能会消耗大量的机会成本、时间成本、谈判成本等，但是地方政府之间通过协商达成对区域公共管理的认同协议是可能发生的结果。卓凯和殷存毅(2007)认为现行的行政区划体制性障碍和不同水平成员之间的合作激励问题构成了我国目前跨区域合作环境治理机制的两个根本性难题。王奇(2016)通过构建理论模型发现我国现行环境管理体制决定了地方官员任期长短对地区间是否采取合作态度共同治理跨界污染具有重要性影响，因此为了保证地方环境合作机制的稳定性和持久性，应尽量避免地方领导的频繁更替，并考虑实行地方官员环境保护终身追责制。

一、加快制定跨区域合作立法机制

完善的法律法规体系是跨区域政府协同治理工作开展的必要行政环境，可以避免政府不作为和行为不规范、企业违法乱纪、公众诉求得不到有效解决等现象的发生。而这些问题正是市场、社会、政府难以协同的根本原因。

在农村生态资本投资过程中，要明确农村生态资本投资的目标、任务、主体，为全面系统解决空间管控、农业生态资源开发利用与保护、农业污染防治、农业生态修复、农业生态补偿、农业生态文明建设及农业生态产业布局等重大问题提供法律保障，使法律成为各地方政府开发、利用、保护农业生态资源的重要的依据。同时要完善地方治理标准，根据流域生态环境功能目标，明确流域生态环境管控要求，对于流域治理所涉及的权力行使、义务履行、经费分担、责任追究、行政赔偿等具体内容进行明确规定；根据地方流域治理问题，提出地方性的治理方案、行动计划，完善地方流域治理体系，使流域的行政协同治理真正实现有法可依、有法必依。

二、建立统一联动的跨区域协同治理机制

以黄河流域治理为例，建立跨区域政府主导、市场与社会参与的网络化多元主体协同治理体系。中央政府作为统筹规划治理政策和治理措施的机构，要建立与国家战略相适应的黄河流域治理与发展推进机制，制定与实施

中央层面黄河流域治理与发展政策指导，协调和监督地方黄河流域治理，通过成立新的流域管理机构或整合现有机构职能，形成全流域统筹管理的体制机制，裁决跨省的流域争端。同时优化和强化水利部黄河水利委员会（以下简称“黄委会”）的机构设置与职能定位，必要时可考虑设立“黄河流域管理局”。在提升黄委会管水、治水的职能基础上，扩展流域保护、开发与治理功能，进一步厘清黄委会和中央黄河流域治理与发展领导机构、地方治理机构的职责关系，完善省际、市际等地方层面的协同治理平台，构建跨黄河流域各省的政府间协同网络。调整优化部门职能设置，建立地方政府推进流域治理的协同机构与机制。

跨流域政府协同治理的主要实现途径之一是社会机制，因此要充分发挥市场在技术、人力等方面的优势，按照政府购买的程序和要求，把原先由政府直接负责提供的公共环境治理服务，由“第三方政府”代替承担公共服务，建立社会组织与政府部门协同的伙伴关系。同时由于水资源流动性的特点，在黄河流域治理的府际协同机制中，还要建立政府与公众之间有效的立体化监督联动平台，不断拓宽公民参与环境治理的渠道，公众可通过平台监督黄河流域治理的实时动态并提出诉求。

三、推动完善市场化治理机制

利益激励与补偿是区域公共产品产权交易制度中的灵魂，实质就是要求对“实质性利益”达成共识，适合区域一体化程度高的流域。基于此，可丰富机制协调的工具和手段，促进水资源治理市场化发展，增强市场性机制协调力。

在跨流域治理过程中，针对水资源保护开发与治理、生态环境修复和改善、水利工程等项目，需要建立专项治理基金，明确资金的来源、使用规范，为流域治理提供资金保障；建立跨地区的水权交易机制，鼓励节水，提升水资源利用效率；建立污染排放许可与交易、碳排放交易机制，激励治污、降低治污的社会成本；探索生态账户和可转移的土地发展权，促进保护优先、合理开发。水资源保护与生态环境治理具有显著的正外部性，会产生跨界的溢出效应，承担水资源保护与生态环境治理的地区也会付出显著的经济成本。因此，要建设生态补偿机制，中央政府的纵向补偿即公共财政的转移支付应逐步退出，鼓励流域间横向补偿机制建设，完善流域信息共享平台，实现流域信息跨部门、跨流域、跨行业的交换和共享。

第三节　完善区域间横向生态补偿机制

由于农业生态资本投资具有公共品的性质，具有非竞争性和非排他性，相关区域间就可能存在空间外部性或外溢性，这会导致公共品供给不足。而合适的生态补偿机制可以强化农业生态资本投资的动机。Williams（1966）提出了一套补偿方案：①根据提供的公共品产生的外溢性而获得明确的补偿；②根据从其他供给主体获得的外溢性而支付补偿；③原则上将补偿视作可用以消费公共品或私人品的所得，及具有一般化的购买力。Brainard 和 Dollbear（1967）指出，如果辖区对可流动物品拥有产权，那就可以要求受辖区根据其获得收益给予相应的规划或者补偿，此时就可以达到最优。从本质上来讲，这和 Williams 的补偿方案思路一致。Irawan 和 Ring（2008）从公共经济学视角出发研究了具有较强外溢性的生态环境治理问题。结果证明财政转移是将空间外溢性内部化的合适工具，尤其是州政府可以利用财政转移补偿市政府在辖区内对环保外溢性公共品的供给。在我国，由中央政府承担生态资本投资的主要职责，符合我国的基本国情和财政体制的特点，然而单一的中央财政纵向转移支付制度无法应对大规模的区域性生态环境保护问题。国内的学者从我国国情出发，对政府间横向转移支付的研究成果也非常丰富。陶恒（2010）、刘姜艳（2020）构建基于生态补偿的横向转移支付制度的思路和法律体系建设建议，期望通过区域间的财政横向转移支付增强生态保护工作的有效性，契合中央提出的“谁保护，谁受益”的环境保护政策。李宁（2009）、徐孟洲（2010）、李齐云（2008）以公共服务均等化为核心，主张以立法的形式不断强化“事权-财权”匹配建设思路，逐步完善政府间区域间横向生态补偿机制和程序，提高生态环境保护效率。李香菊和刘浩（2016）对 1997—2013 年我国 29 省际面板数据进行研究，发现地方政府在生态资本投资过程中的“努力程度”存在着门槛效应，需要构建和完善区域间横向生态补偿机制、促进区域经济协调发展、理顺政府间财政分配关系、强化地方政府污染治理责任。王德凡(2018)在探究建立横向财政转移支付体系必要性的基础上,构建以“生态补偿基金”为核心的区域政府间横向财政转移支付体系。段铸(2016)引入生态足迹的概念及其分析方法,在京津冀地区均衡因子和产量因子核算的基础上,计算了各省市2004—2013年的生态足迹和生态承受力,设计了一套适合京津冀发展的横向生态补偿核算体系,并构建京津冀横向生态补偿新机制。

基于前人的研究基础以及本书的实证结果,笔者认为农业生态补偿不仅是协调农业绿色生产与农业生态系统服务功能的纽带,更是保障农业生态资本投资顺利推进和持续发展的基石。

一、建立健全农业生态补偿的法律体系,确立农业生态资源产权制度

无论是从国外农业生态补偿的经验来看,还是从目前我国农业生态存在的问题来看,为保障农业生态补偿活动的高效有序进行,都必须先将其纳入法制化轨道。国家应尽快制定农业生态补偿的法律法规,以法定形式明确农业生态补偿的补偿主体、补偿对象、补偿标准、补偿方式及补偿途径,从目前我国的实际出发,农业生态补偿立法工作可以在逐步建立中央和地方两级法律保障体系的基础上再进一步完善。其中,在中央层面,主要是对农业生态资源开发与管理、农业生态保护与农业生态系统服务功能改善、补偿资金投入与补偿的方针和政策等全局性问题进行立法,以明确农业生态补偿资金征收、使用与管理,确定生态补偿标准、补偿方式和补偿对象,界定农业生态资源开发利用过程中不同利益主体之间的利益分配关系,这是建立和完善农业生态补偿机制的根本保证;在地方层面,地方政府可以根据中央制定的法律法规结合当地的实际情况出台相应的地方性法规政策及实施细则。

目前我国生态资源所有权属于国家和集体,经营权属于单位和个人,所有者可依法向经营者索取收益,经营者需依法向所有者缴纳税收或租金,以及对生态环境资源进行保护、恢复或赔偿。明晰的产权制度既是保证人们

有效利用农业生态资源以及对农业生态资源进行必要投资与管理的基本条件，也是充分发挥农业生态补偿机制作用的必要条件。但在过去较长一段时期内，农业生态资源所有权的虚化导致了农业生态资源产权的模糊，加之人们没有意识到生态资源也是有价值的，从而造成对农业生态资源的无偿、不合理甚至是掠夺式使用，严重破坏了农业生态资源的自我恢复能力。因此，农业生态补偿必须切实解决农业生态资源产权模糊不清的问题，只有明晰农业生态资源产权，才能使理论上对补偿主体和补偿对象的界定成为可能，才能有效保护农业生态资源。

二、因地制宜选取权益横向补偿方式

横向转移支付是指在同级政府财政之间发生的转移支付，通过横向转移改变地区间已经形成的利益格局，以均衡地区间的公共服务水平[1]。我国农业生态补偿财政转移支付在设计思路和实践效果上存在一定差距，仅靠中央财政资金拨款具有局限性。建立跨省生态补偿机制，生态环境受益地区通过省级财政转移、一对一技术、人才援助等形式，对重点生态功能区因保护生态资源环境而限制其发展权所带来的经济损失进行补偿。横向生态补偿作为生态补偿的一种重要方式，以保护和可持续利用自然生态系统为目的，调节不具有行政隶属关系，但生态关系密切的地区间的利益关系，可以在区域间建立生态服务的市场交换关系，使得生态保护的经济外部性内部化。这主要适用于跨省界流域、城市饮用水源地的生态补偿。生态受益者付费，一增一减模式保证了生态地区的经济利益。相比原来的情况，不再存在下游地区无偿享受上游地区保护环境的成果的现象，资源应用地区和资源生产地区实现双赢，缩小了双方的发展差距。政府可以直接向生态受益者收费，也可以引导生态环境提供方和受益方之间达成协议，完成生态受益付费。因此，加快制定完善生态补偿横向转移支付制度及配套政策体系，充分发挥横向转移支付的公平原则，在充分考虑补偿双方的意愿、能力后，因地制宜选择补偿方式，提高农业生态补偿的效率。从国内外横向农业生

---

[1] 徐光丽.流域生态补偿机制研究[D].济南：山东农业大学，2014.

态补偿的实践来看，目前的补偿方式主要有公共政策类的补偿方式和市场手段类的补偿方式。

三、发挥政策类补偿方式的引导作用

横向农业生态补偿对象一般为生态产品，因其公共产品的特征，要求政府主导制定相关生态环境保护政策来进行补偿，使得生态保护中的经济外部性内部化，削弱其负外部性。然而在政策实际推行过程中，生态产品受益者往往是集体，不可单独分割，在面对这类现实问题时，生态受益区的政府、集体行政组织应该准备一定的财政资金和其他政策工具补偿生态功能区。

一是财政资金直接补偿。这是中央财政部门下拨的具有专门指定用途或特殊用途的资金。这种资金要求进行单独核算，专款专用，不能挪作他用。财政专项资金由于用途明确，利益双方权责清晰，在国内外横向农业生态补偿政策推行过程中占比较大。

二是经济帮扶型补偿，生态受益区可通过一对一经济帮扶的形式促使重点生态功能区提高生态产品的供给能力，对口帮扶工作要做到“稳定有序、精准对接、统筹安排、人员齐全、资金充足、机制健全”。稳定有序是要长期对口帮扶，不能人亡政息、人走茶凉；精准对接是要把好钢用在刀刃上，经济发达的地区要主动帮扶落后的生态功能区；统筹安排是要统一、有计划、有先后顺序地扶持生态功能区的经济，先西部地区后东部地区，先摆脱贫困后奔向小康；人员齐全是指帮扶地区的干部、人才队伍要优先配足；资金充足是指财政专项资金、生态银行、政府金融政策工具要足；机制健全是指要完善帮扶机制、资金使用机制、科学决策机制。只有这样，欠发达地区经过稳定长期的被帮扶，才能够实现共同富裕。例如在新安江流域跨省农业生态补偿试点，由中央牵头，安徽、浙江两省支持，共同设立新安江流域水环境补偿基金，以促进新安江流域生态环境的修复。

三是技术援助型补偿。搭建跨区域技术援助促进农业生态补偿的平台渠道，即经济发展水平较高地区通过提供相关生态修复技术来支持生态脆弱地区，提高其生态产品供应能力。同时要建立并完善技术资产评价制度，用切实的数据推广有效的生态修复技术，早日实现美丽中国的目标。

四、促进农业生态市场建设的补偿

建设碳汇交易市场、排污权交易市场、水权交易市场、增减挂钩交易市场，为生态功能区提供横向的资金渠道。第一，生态受益方与生态建设方在生态市场自由交易。双方自行经过商讨，制定补偿标准。目前国际、国内常见的是水权交易制度，购买水资源，利用他国、他地的水资源获取经济利益，都需要补偿。第二，多方共同制定一个标准和总额度，根据自身的经济实力、资源拥有量，协商配额，最后在市场上交易配额。国际、国内目前建设的碳汇交易、排放权交易市场就是成功的例子。配额交易使排放的总量得到了一定的限制，而且还照顾到落后地区的经济发展，促进了生态环境的治理高效化，也实现了人类命运共同体的理念，发展了全国经济、世界经济。

第四节　提高农村公众生态偏好

推动公众生态偏好是提升农业生态资本生态溢出效应的重要方法。常杪(2011)认为，基层政府需要在公众参与领域创新思路，使公众参与能切实成为推动环保工作的强有力辅助力量。彭小霞(2016)认为我国现行的农村生态环境治理模式——政府管制型模式和市场调控型模式存在很大弊端，应该引入公众社区参与机制。解品磊(2017)认为，居民利益关系协调及公众参与程度是生态保护红线制度实施的关键环节。游达明(2017)结合现实国情，将公众举报作为监督政府的手段纳入政府环境规制与企业生态技术创新行为选择的演化博弈模型中，结果表明较高的公众举报率可以促进企业选择生态技术创新同时节省政府的监管成本。政府可以通过提高公众的参与度降低对企业的监管成本，从而完善环境规制的设计，实现经济和环境绩效的双赢。

一、通过建立系统的生态教育体系，促进公众生态偏好的培养

教育手段使人与自然和谐的价值观深入人心，使公民普遍具有较强的

环境意识，在生产和生活的各个领域都能自觉维护生态环境，使节能减排的先进技术广为接受和掌握。完善的生态教育体系具有广泛的层次性，既涵盖环境知识的范畴，也涵盖环境经验的范畴。生态教育主要通过早期家庭教育和学校教育实现。在充分反映父母环境文化素养和生态偏好的家庭环境中，父母的一举一动都将成为子女竭力仿效的对象。与个性化的家庭教育不同，子女在学校接受的是一种经过预先设计、内容统一的集体教育。所以学校教育更能大规模地培养环境友好的思维习惯。

二、促进环境信息公开和环境公众参与

环境信息的充分披露将使公众充分了解企业的环境行为和政府的环境决策，公众舆论和公众监督有利于对环境污染和生态破坏的制造者施加压力。我国政府为推进环境信息公开已做了诸多努力，如每年公布环境公报、每月公布大江大河水质状况，以及 $PM_{2.5}$ 及空气质量指数的监测数据公开等。然而，现实中仍然缺少公众与政府部门间的信息互动。公众个人要求政府和企业提供环境方面的相关资料相当困难。公众向谁要？谁会给？谁应该给？公众的知情权仍有赖于环境信息的法治化和透明化。环境公众参与主要包括公众参与监督和公众参与实务两方面内容：一是公众对生态环境法规、政策及计划的制定和执行（包括生态环境状况变化和损害行为）的建设、批评、举报、诉讼等监督性介入行为；二是公众对生态环境保护和建设的赞助捐献、义务劳动以及志愿者和企业的自愿行动等。在生态资本投资过程中，要通过环境信息公开化，保障公众环境知情权与监督权，充分发挥公众对政府生态环境政策和企业的生态资本投资行为的监督作用。例如，日本北九州市政府环保局每年都要将废弃物循环利用的数量、收取的垃圾费用等相关情况向公众公开，以获取公众的支持与理解。

三、大力发展生态环保产业，引导公众绿色消费

生态环保产业在生态资本投资收益过程中发挥着重要作用。与传统产业相比，环保产业不仅自身具有良好的生态、经济与社会效益，而且渗透到了经济活动的多个部门，这对建立产业的横向联系、加强各产业间的物质、

能量与信息交流，都具有很强的现实意义。大力发展生态环保产业，应坚持以提高再生资源回收利用率和保护环境为目的，通过循环型企业、静脉生态园区和城市建设，加快废弃资源回收利用的产业化、市场化、规模化进程。同时，开展绿色消费教育引导公众积极参与绿色消费运动。政府也应当通过绿色采购等消费行为来影响企业和公众。

参 考 文 献

[1] 严立冬，屈志光，肖锐. 环境管理战略转型中的生态资本投资方式探讨[C]//中国环境科学学会. 2013 中国环境科学学会学术年会论文集(第三卷). 中国环境科学学会：中国环境科学学会，2013：525-530.

[2] 吴荻，匡海波，潘仙友. 环境投资对区域空间溢出效应的影响研究[J]. 管理评论，2018，30(10)：51-59.

[3] 黄娟，刁承泰. 简论耕地生态外溢效益的经济评价[J]. 安徽农业科学，2006，34(19)：5091-5092＋5094.

[4] VOGT P R，OSTENSO N A. Steady state crustal spreading[J]. Nature，1967，215(5103)：810-817.

[5] DALY H E. Beyond growth：the economics of sustainable development[M]. Boston：Beacon Press，1996：25-76

[6] COSTANZA R. The value of the world's ecosystem services and natural capital[J]. Nature，1997(5)：253-260.

[7] 霍肯. 自然资本论：关于下一次工业革命[M]. 王乃粒，诸大建，龚义台，译. 上海：上海科学普及出版社，2002.

[8] 刘思华. 对可持续发展经济的理论思考[J]. 经济研究，1997(3)：46-54.

[9] 梁瑞驹，沈大军. 水价制定原则及对我国水价改革的建议[J]. 中国水利，1998(6)：38.

[10] 黄兴文，陈百明. 中国生态资产区划的理论与应用[J]. 生态学报，1999，19(5).

[11] 孙冬煜，王震声，何旭东，等. 自然资本与环境投资的涵义[J]. 环境保护，1999(5)：38—40.

[12] 李萍，张雁. 论西部开发中的环境资本[J]. 社会科学研究，2001(3)：55—58.

[13] 董捷.坡耕地与林地价值比较研究——兼论退耕还林的效益[J].中国人口·资源与环境,2003,13(5):81-83.

[14] 马兆良,田淑英,王展祥.生态资本与长期经济增长——基于中国省际面板数据的实证研究[J].经济问题探索,2017(5):164-171.

[15] 范金,周忠民,包振强.生态资本研究综述[J].预测,2000,19(5):30-35.

[16] 沈大军,梁瑞驹,王浩,等.水资源价值[J].水利学报,1998,(5):24—26.

[17] 王海滨,邱化姣,程序,等.实现生态服务价值的新视角(一)——生态服务的资本属性与生态资本概念[J].前沿论坛,2008,(6):44—48.

[18] 李兆亮,罗小锋,张俊飚,等.基于能值的中国农业绿色经济增长与空间收敛[J].中国人口·资源与环境,2016,26(11):150-159.

[19] KRUTILLA J V. Conservation reconsidered environmental resources and applied welfare economics:Essays in honor of John V[M]. Washington DC:Resources for the Future,1988.

[20] PEARCE T H,KOLISNIK A M. Observations of plagioclase zoning using interference imaging[J]. Earth Science Reviews, 1990, 29(1-4):9-26.

[21] DALY H E. Globalization and Its Discontents[J]. Revista De Economia Institutional,2001,4(14):189-191.

[22] FREEMAN M R. HIEBERT W K. Stroboscopic microscopy of magnetic dynamics [C]//Tmr Summer school on Mesomagnetism,2002.

[23] 李金华.未观测经济测定与核算理论的一个新范式[J].数量经济技术经济研究,2009(8):108-122.

[24] 李晓西,刘一萌,宋涛.人类绿色发展指数的测算[J].中国社会科学,2014(6):69-95.

[25] 谢贵勇,赵鑫.基于森林定价机制的森林资源资本化研究[J].郑州大学学报(哲学社会科学版),2018,51(3):75-80.

[26] 严立冬,孟慧君,刘加林,等.绿色农业生态资本化运营探讨[J].农业经济问题,2009,30(8):18-24.

[27] 严立冬,张亦工,邓远建.农业生态资本价值评估与定价模型[J].中国人口·资源与环境,2009,19(4):77-81.

[28] 严立冬,刘加林,陈光炬.生态资本运营价值问题研究[J].中国人口·资源与环境,2011,21(1):145-151.

[29] 邓远建,张陈蕊,田苗,等.绿色农业生态资本安全运营的生态原理分析[C]//中国生态经济学会第八届会员代表大会暨生态经济与转变经济发展方式研讨会论文集.中国生态经济学学会,2012.

[30] 邓远建,肖锐.生态脆弱区农村生态式扶贫机制研究[C]//中国人口·资源与环境 2014 年专刊——2014 中国可持续发展论坛.中国可持续发展研究会,2014:120-123.

[31] 屈志光,陈光炬,刘甜.农业生态资本效率测度及其影响因素分析[J].中国地质大学学报(社会科学版),2014,14(4):81-87.

[32] 陈光炬.农业生态资本运营:内涵、条件及过程[J].云南社会科学,2014(2):111-115.

[33] 严立冬,陈胜,邓力.绿色农业生态资本运营收益的持续量:规律约束与动态控制[J].中国地质大学学报(社会科学版),2015,15(5):55-61.

[34] 邓远建,肖锐,陈杰.生态脆弱地区农业生态资本运营安全调控机理分析[J].中国地质大学学报(社会科学版),2015,15(5):62-70.

[35] 巴尔,怀恩斯:福利经济学前沿问题[M].贺晓波,王艺,译.北京:中国税务出版社,2000.

[36] 新饭田宏.投入产出分析方法[M].林贤郁,齐舒畅,译.北京:中国统计出版社,1990.

[37] GROOT D,PETER J. Extending the unambiguous range of two-color interferometers[J]. Applied Optics,1994,33(25):5948-5953.

[38] BERKES F,FOLKE C,COLDING J. Linking social and ecological systems:Management practices and social mechanisms for building

resilience[M]. Cambridge: Cambridge University Press, 1998.

[39] 武晓明,罗剑朝,邓颖. 关于生态资本投资的几点思考[J]. 陕西农业科学,2005(3):120-121+125.

[40] 朱洪革. 基于自然资本投资观的林业长线及短线投资分析[J]. 林业经济问题,2007(2):112-116.

[41] 蔡中华,刘为. 可持续发展视角下的自然资本投资模型[C]//中国系统工程学会. 和谐发展与系统工程——中国系统工程学会第十五届年会论文集. 中国系统工程学会,2008:14-20.

[42] 严立冬,屈志光,黄鹂. 经济绿色转型视域下的生态资本效率研究[J]. 中国人口·资源与环境,2013,23(4):18-23.

[43] 刘加林."四化两型"视角下区域生态资本投资机制创新探讨[J]. 科技管理研究,2015(4):208-211+237.

[44] 董捷. 论自然资本投入与农业可持续发展[J]. 农业技术经济,2003,1(1):28-30.

[45] 周淑景. 自然资本与农业的可持续增长[J]. 东北财经大学学报,2007(6):45-49.

[46] 曹前满. 论多重结构下的农业转型:效率、外部性与价值重塑[J]. 新疆社会科学,2018,212(1):38-47+171-172.

[47] 周镕基,吴思斌,皮修平. 农业生产正外部性环境价值评估及其提升研究——以湖南省为例[J]. 农业现代化研究,2017,38(3):383-388.

[48] 蒋满元. 农业生产经营的外部性问题与农业保护政策选择[J]. 经济问题探索,2005(5):41-44.

[49] 石声萍. 农业外部性问题思考[J]. 宏观经济研究,2004(1):41-42+46.

[50] 严立冬,邓远建,蔡运涛,等. 绿色农业发展的外部性问题探析[J]. 调研世界,2009(8):11-14.

[51] 张坤民. 中国环境保护投资报告[M]. 北京:清华大学出版社,1992.

[52] SIGMAN H. International spillovers and water quality in rivers: Do countries free ride? [J]. American Economic Review, 2002.

[53] SIGMAN H. Transboundary spillovers and decentralization of environmental policies[J]. Journal of Environmental Economics and Management,2004,50(1):82-101.

[54] GALDEANO-GÓMEZ E,CÉSPEDES-LORENTE J. Environmental spillover effects on firm productivity and efficiency:An analysis of agri-food business in Southeast Spain[J]. Ecological Economics,2008,67(1):131-139.

[55] COSTANTINI M,HEIN S,HENNE U,et al. The effect of pressure gradient and a non-adiabatic surface on boundary layer transition investigated by means of TSP[C]//Aiaa Aerospace Sciences Meeting Including the New Horizons Forum & Aerospace Exposition. PubMed,2013.

[56] HOSSEINI H M,KANEKO S. Can environmental quality spread through institutions? [J]. Energy Policy,2013,56(May):312-321.

[57] 张可,汪东芳. 经济集聚与环境污染的交互影响及空间溢出[J]. 中国工业经济,2014(6):70-82.

[58] 唐李伟,胡宗义. 生产要素、FDI、环境消耗与中国经济增长源泉——基于Biennial Malmquist生产率指数的分解[J]. 系统工程理论与实践,2016,36(3):581-592.

[59] 王铭利. 基于联立方程与状态空间模型对中国经济增长与环境污染关系的研究[J]. 管理评论,2016(7):75-84.

[60] 方时姣,肖权. 中国区域生态福利绩效水平及其空间效应研究[J]. 中国人口·资源与环境,2019,29(3):1-10.

[61] FISCHER C,NEWELL R G. Environmental and technology policies for climate mitigation[J]. Journal of Environmental Economics & Management,2008,55(2):142-162.

[62] LÓPEZ R,GALINATO G I,ISLAM A. Fiscal spending and the environment:Theory and empirics[J]. Journal of Environmental Economics and Management,2011,62(2):180-198.

[63] 张玉.中国财税政策的环境治理效应研究——基于省级面板数据的实证分析[J].经济问题,2016(10):43-46.

[64] 朱小会,陆远权.环境财税政策与金融支持的碳减排治理效应——基于财政与金融相结合的视角[J].科技管理研究,2017,37(3):203-209.

[65] WANG B,HUANG J,DENG S,et al. Addressing the environmental risk of persistent organic pollutants in China[J].中国高等学校学术文摘·环境科学与工程,2012,6(1):2-16.

[66] HALKOS G E, PAIZANOS E A. The effect of government expenditure on the environment: An empirical investigation[J]. Ecological Economics,2013,9(Jul):48-56.

[67] 冯海波,方元子.地方财政支出的环境效应分析——来自中国城市的经验考察[J].财贸经济,2014(2):30-43.

[68] 范纯增,顾海英,姜虹.中国工业大气污染治理效率及区域差异[J].生态经济,2016(4):170-174.

[69] 李文华.生态系统服务功能价值评估的理论、方法与应用[M].北京:人民大学出版社,2008.

[70] 肖强,肖洋,欧阳志云,等.重庆市森林生态系统服务功能价值评估[J].生态学报,2014,34(1):216-223.

[71] 杨怀宇,李晟,杨正勇.池塘养殖生态系统服务价值评估——以上海市青浦区常规鱼类养殖为例[J].资源科学,2011(3):575-581.

[72] 俞玥,何秉宇.基于CVM的新疆天池湿地生态系统服务功能非使用价值评估[J].干旱区资源与环境,2012(12):55-60.

[73] 伏润民,缪小林.中国生态功能区财政转移支付制度体系重构——基于拓展的能值模型衡量的生态外溢价值[J].经济研究,2015,50(3):47-61.

[74] 王奕淇,李国平.基于能值拓展的流域生态外溢价值补偿研究——以渭河流域上游为例[J].中国人口·资源与环境,2016,26(11):69-75.

[75] 王显金,钟昌标.沿海滩涂围垦生态补偿标准构建——基于能值拓展

模型衡量的生态外溢价值[J]. 自然资源学报,2017,32(5):742-754.

[76] 李建琴. 农村环境治理中的体制创新——以浙江省长兴县为例[J]. 中国农村经济,2006(9):63-71.

[77] 高海清. 农村生态环境治理的社区促动机制分析[J]. 经济问题探索,2010(4):41-43.

[78] 金书秦,韩冬梅. 农业生态环境治理体系:特征、要素和路径[J]. 环境保护,2020,48(8):15-20.

[79] WHITMIRE S L,HAMILTON S K. Rapid removal of nitrate and sulfate in freshwater wetland sediments[J]. Journal of Environmental Quality,2005(34):2062-2071.

[80] 陈雅娟. 基于生态系统服务的县域景观提升及生态补偿政策研究[D]. 北京:中国农业大学,2018.

[81] 欧阳芳,王丽娜,闫卓,等. 中国农业生态系统昆虫授粉功能量与服务价值评估[J]. 生态学报,2019,39(1):131-145.

[82] 胡明. 安康市水土保持投资及其对农村的影响分析[J]. 中国水利,2011(16):56-58.

[83] 谭灵芝,金国华,饶光明. 气候减贫投入对农户收入结构及差异影响研究[J]. 经济问题探索,2018(6):164-174.

[84] 杜明义. 生态资本视角下生态脆弱民族地区经济发展模式探讨——以四川甘孜藏族自治州为例[J]. 理论导刊,2016(6):78-81.

[85] 郭鹤群,王玉华. 农村工业空间组织演变及其资源环境效应综述[J]. 中国人口·资源与环境,2013,23(S1):54-57.

[86] 黄英,周智,黄娟. 基于 DEA 的区域农村生态环境治理效率比较分析[J]. 干旱区资源与环境,2015,29(3):75-80.

[87] 张可,马成文,丰景春,等. 基于离散灰色模型的农村水环境政策减排效应及其空间分异性研究[J]. 中国管理科学,2017,25(5):160-169.

[88] BRYAN G H,PARKER M D. Observations of a squall line and its near environment using high-frequency rawinsonde launches during VORTEX2 [J]. Monthly Weather Review, 2010, 138 (11):

4076-4097.

[89] 杨万平,袁晓玲.能源持续利用、污染治理下的经济可持续增长模型[J].西安交通大学学报(社会科学版),2011,31(5):80-85.

[90] 李香菊,刘浩.区域差异视角下财政分权与地方环境污染治理的困境研究——基于污染物外溢性属性分析[J].财贸经济,2016,37(2):41-54.

[91] WILLIAMS,A. The optimal provision of public goods in a system of local government[J]. Journal of Political Economy,1996,74:10-33.

[92] BRAINARD W C. DOLBEAR T. The possibility of oversupply of local public goods[J]. PO/. Econom. ,1967,75:86-92.

[93] BUCHANAN J M, STUBBLEBINE W C. Externality [J]. Economica,1962,29(116):371-384.

[94] DAVIS H T. Introduction to nonlinear differential and integral equations[J]. SIAM Review,1964,6(1):76-77.

[95] 田民利.我国现行环境税费制度缺失原因分析及对策建议[J].财政研究,2010(12):56-58.

[96] 张玉.财税政策的环境治理效应研究[M].北京:经济科学出版社,2014.

[97] 朱小会,陆远权.环境财税政策的治污效应研究——基于区域和门槛效应视角[J].中国人口·资源与环境,2017,27(1):83-90.

[98] BUCHANAN J M. Public finance in democratic process[J]. Journal of Politics,1967(30):347-352.

[99] IRAWAN S, TACCONI L, RING I. Designing intergovernmental fiscal transfers for conservation: The case of REDD + revenue distribution to local governments in Indonesia[J]. Land Use Policy,2014(36):47-59.

[100] 陶恒,宋小宁.生态补偿与横向财政转移支付的理论与对策研究[J].创新,2010,4(2):82-85.

[101] 刘姜艳.生态补偿机制与区域协调发展探讨[J].科技经济导刊,

2020,28(14):95.

[102] 李宁,丁四保.我国建立和完善区际生态补偿机制的制度建设初探[J].中国人口·资源与环境,2009,19(1):146-149.

[103] 徐孟洲,叶姗.论政府间财政转移支付的制度安排[J].社会科学,2010(7):69-79.

[104] 李齐云,汤群.基于生态补偿的横向转移支付制度探讨[J].地方财政研究,2008(12):35-40.

[105] 王德凡.基于区域生态补偿机制的横向转移支付制度理论与对策研究[J].华东经济管理,2018,32(1):62-68.

[106] 段铸,程颖慧.基于生态足迹理论的京津冀横向生态补偿机制研究[J].工业技术经济,2016,35(5):112-118.

[107] CA RRARO C,D SINIS CA LCO. Strategies for the international protection of the environment[J]. Journal of Public Economics, 1991,52(3):309-328.

[108] ASHEIM B, VANG J. Regional innovation systems in Asian countries: a new way of exploiting the benefits of transnational corporations[J]. Innovation Management Policy & Practice,2006.

[109] OATES,JENNIFER. Cooperation in cleaner fish mutualisms: The role of repeated interactions[J]. Catheterization & Cardiovascular Interventions Official Journal of the Society for Cardiac Angiography & Interventions,2011,86(2):E32-E37.

[110] 金太军.从行政区行政到区域公共管理——政府治理形态嬗变的博弈分析[J].中国社会科学,2007(6):54-66+206.

[111] 卓凯,殷存毅.区域合作的制度基础:跨界治理理论与欧盟经验[J].财经研究,2007(1):55-65.

[112] 王奇,李明全.中国城镇化的环境影响及其区域特征[J].城市问题,2016(8):23-31.

[113] 常杪,杨亮,李冬溦.环境公众参与发展体系研究[J].环境保护,2011(2):97-99.

[114] 彭小霞.我国农村生态环境治理的社区参与机制探析[J].理论月刊,2016(11):170-176.

[115] 解品磊,段海燕,王宪恩.博弈视角下我国生态保护红线制度的公众参与[J].环境保护,2017,45(14):63-65.

[116] 游达明,杨金辉.公众参与下政府环境规制与企业生态技术创新行为的演化博弈分析[J].科技管理研究,2017,37(12):1-8.

[117] 张丹,闵庆文,成升魁,等.传统农业地区生态系统服务功能价值评估——以贵州省从江县为例[J].资源科学,2009,31(1):31-37.

[118] 王旭熙,彭立,苏春江,等.四川省农业生态系统能值分析与可持续性评估——基于五大经济区差异分析[J].地域研究与开发,2015,34(5):128-132+166.

[119] 刘向华.我国农业生态系统服务价值的核算方法[J].统计与决策,2018,34(3):24-30.

[120] 马贝,徐晗筱,高强.农业生态系统脆弱性评估:基于西北五省区的实证[J].统计与决策,2020,36(21):82-86.

[121] 张田野,孙炜琳,王瑞波.化肥零增长行动对农业污染的减量贡献分析——基于GM(1,1)模型及脱钩理论[J].长江流域资源与环境,2020,29(1):265-274.

[122] 张可,丰景春.强可处置性视角下中国农业环境效率测度及其动态演进[J].中国人口·资源与环境,2016,26(1):140-149.

[123] 鲁亚楠,姚顺波,邓元杰,等.陕北地区土地利用及景观格局变化对生态服务价值的影响——基于退耕还林(草)背景[J].中国农业资源与区划,2019,40(11):180-192.

[124] 牛志伟,邹昭晞.农业生态补偿的理论与方法——基于生态系统与生态价值一致性补偿标准模型[J].管理世界,2019,35(11):133-143.

[125] 何寿奎.农村生态环境补偿与绿色发展协同推进动力机制及政策研究[J].现代经济探讨,2019(6):106-113.

[126] 丁奇,张静.保护生态环境与农村产业发展协同规划研究——以北

京市门头沟区两个山区旅游村庄为例[J]. 生态经济，2009(8)：139-141+153.

[127] 张志明，王松瑞. 生态重建与生态有机农业的发展[J]. 行政管理改革，2020(8)：65-70.

[128] 吴传清，周西一敏. 长江经济带绿色经济效率的时空格局演变及其影响因素研究[J]. 宏观质量研究，2020，8(3)：120-128.

[129] 王兵，吴延瑞，颜鹏飞. 中国区域环境效率与环境全要素生产率增长[J]. 经济研究，2010，45(5)：95-109.

[130] 郭兆晖，魏杨. 环境规制下的财政支出与农业污染治理[J]. 农业技术经济，2021(4)：73-84.

[131] 秦天，彭珏，邓宗兵，等. 环境分权、环境规制对农业面源污染的影响[J]. 中国人口·资源与环境，2021，31(2)：61-70.

[132] 李燕，资树荣. 农地产权结构、农地经营规模与农业环境效率[J]. 湘潭大学学报(哲学社会科学版)，2020，44(2)：56-61.

[133] 董杨. 生态文明建设视阈下农业环境规制的投资效率问题研究[J]. 宏观经济研究，2020(5)：120-131.

[134] 涂正革，甘天琦. 中国农业绿色发展的区域差异及动力研究[J]. 武汉大学学报(哲学社会科学版)，2019，72(3)：165-178.

[135] 袁梁，张光强，霍学喜. 生态补偿、生计资本对居民可持续生计影响研究——以陕西省国家重点生态功能区为例[J]. 经济地理，2017，37(10)：188-196.

[136] GUTHRIE G，KUMARESWARAN D. Carbon subsidies，taxes and optimal forest management [J]. Environmental and resource economics，2009，43(2)：275-293.

[137] 杨福霞，郑欣. 价值感知视角下生态补偿方式对农户绿色生产行为的影响[J]. 中国人口·资源与环境，2021，31(4)：164-171.

[138] 卢华，陈仪静，胡浩，等. 农业社会化服务能促进农户采用亲环境农业技术吗[J]. 农业技术经济，2021(3)：36-49.

[139] 周慧，文高辉，胡贤辉. 基于 TPB 框架的心理认知对农户农业面源污

染治理参与意愿的影响——兼论环境规制的调节效应[J]. 世界农业,2021(3):59-69.

[140] 张红丽,李洁艳,滕慧奇. 小农户认知、外部环境与绿色农业技术采纳行为——以有机肥为例[J]. 干旱区资源与环境,2020,34(6):8-13.

[141] 魏昊,夏英,李芸. 信贷需求抑制视角下农户环境友好型农业技术采纳行为分析[J]. 华中农业大学学报(社会科学版),2020(1):56-66+164.

[142] 温铁军,罗士轩,董筱丹,等. 乡村振兴背景下生态资源价值实现形式的创新[J]. 中国软科学,2018(12):6-12.

[143] 文丰安. 农村生态治理现代化:重要性、治理经验及新时代发展途径[J]. 理论学刊,2020(3):67-75.

[144] 张志明,王松瑞. 生态重建与生态有机农业的发展[J]. 行政管理改革,2020(8):65-70.

[145] 成金华,李悦,陈军. 中国生态文明发展水平的空间差异与趋同性[J]. 中国人口·资源与环境,2015,25(5):1-9.

[146] WHITMIRE SL, HAMILTONSK. Rapid removal of nitrate and sulfate by freshwater wetland sediments [J]. Journal of Environmental Quality,2005(34):2062-2071.

[147] COSTANZAR,DE GROOTR,SUTTONPC,et al. Changes in the global value of ecosystem services [J]. Global Environmental Change,2014(26):152-158.

[148] SIGMAN H. Federalism and transboundary spillovers: water quality in US rivers,2002.

[149] 张可,马成文,丰景春,等. 基于离散灰色模型的农村水环境政策减排效应及其空间分异性研究[J]. 中国管理科学,2017,25(5):160-169.

[150] 沈能,王艳. 中国农业增长与污染排放的 EKC 曲线检验:以农药投入为例[J]. 数理统计与管理,2016,35(4):614-622.

[151] 李建琴.农村环境治理中的体制创新——以浙江省长兴县为例[J].中国农村经济,2006(9):63-71.

[152] 罗万纯.中国农村生活环境公共服务供给效果及其影响因素——基于农户视角[J].中国农村经济,2014(11):65-72.

[153] ZHAO X, SUN B. The influence of Chinese environmental regulation on corporation innovation and competitiveness[J]. Journal of Cleaner Production,2016,112:1528-1536

[154] 宋马林,金培振.地方保护、资源错配与环境福利绩效[J].经济研究,2016,51(12):49-63.

[155] 范巧,石敏俊.基于结构匹配性和有效相关性的内生时空权重矩阵遴选方法[J].数量经济研究,2018,9(2):114-135

[156] 雷恒,金海林.绿色发展视角下的农业生态资本投资机制优化研究[J].江汉大学学报(社会科学版),2018,35(1):73-77+126.

[157] 严立冬,陈光炬,刘加林,等.生态资本构成要素解析——基于生态经济学文献的综述[J].中南财经政法大学学报,2010(5):3-9+142.

[158] 于志鹏,谭荣建.耕地资源自然质量核算的探讨——基于农用地分等成果和估价方法[J].中国国土资源经济,2020(8):76-80.

[159] FENECH A, FOSTER J, HAMILTON K. Natural capital in ecology and economics:an overview[J]. Environmental Monitoring & Assessment,2003,86(1-2):3-17.

[160] 高吉喜,范小杉,李慧敏,等.生态资产资本化:要素构成·运营模式·政策需求[J].环境科学研究,2016,29(3):315-322.

[161] 杨文进,柳杨青.论市场经济向生态市场经济的蜕变[J].中国地质大学学报(社会科学版),2013(3):20-25.

[162] 林宣佐.基于绩效评价的我国森林碳汇支持政策体系研究[D].哈尔滨:东北农业大学,2019.

[163] 孟祥松.环境成本内部化的政府激励政策研究[D].保定:河北大学,2016.

[164] 李金昌.自然资源价值理论和定价方法的研究[J].中国人口·资源

与环境,1991(1):29-33.
[165] 王舒曼,王玉栋.自然资源定价方法研究[J].生态经济,2000(4):25-26.
[166] 谢地,邵波.论我国自然资源价格形成机制的重构[J].学习与探索,2005(6):226-229.
[167] 李秉祥,黄泉川.基于可持续发展的环境资源价值与定价策略研究[J].社会科学,2005(7):5-10.
[168] 穆红莉.环境资源定价及其实现途径——基于边际机会成本定价理论[J].价格理论与实践,2012(12):34-35.
[169] 范振林.天然气开采的耗竭性定价估算[J].中国人口·资源与环境,2018,28(S2):5-9.
[170] 李平衡.农业生态资源资本化运营及其政策需求研究[D].武汉:中南财经政法大学,2018.
[171] 王立彬.深入理解自然资源资产"归谁所有、为谁所用"[N].中国自然资源报,2019-04-16(3).
[172] 为谁所有、归谁使用——自然资源资产产权制度改革要点解读[J].国土资源,2019(4):31.
[173] 焦思颖.深化改革为生态文明建设夯实基础性制度——自然资源部综合司负责人解读《关于统筹推进自然资源资产产权制度改革的指导意见》[J].国土资源,2019(4):32-35.
[174] 黄如良.生态产品价值评估问题探讨[J].中国人口·资源与环境,2015,25(3):26-33.
[175] 孙庆刚,郭菊娥,安尼瓦尔·阿木提.生态产品供求机理一般性分析——兼论生态涵养区"富绿"同步的路径[J].中国人口·资源与环境,2015,25(3):19-25.
[176] 张英,成杰民,王晓凤,等.生态产品市场化实现路径及二元价格体系[J].中国人口·资源与环境,2016,26(3):171-176.
[177] 金书秦,林煜,牛坤玉.以低碳带动农业绿色转型:中国农业碳排放特征及其减排路径[J].改革,2021(5):29-37.

[178] 郭兆晖,魏杨.环境规制下的财政支出与农业污染治理[J].农业技术经济,2021(4):73-84.

[179] 刘涛,杜思梦.基于新发展理念的农业高质量发展评价指标体系构建[J].中国农业资源与区划,2021,42(4):1-9.

[180] 陈宝山.生态财产权的类型化建构与制度表达[J].华中农业大学学报(社会科学版),2021(3):152-161+191.

[181] 吴绍华,侯宪瑞,彭敏学,等.生态调节服务产品价值实现的适宜性评价及模式分区——以浙江省丽水市为例[J].中国土地科学,2021,35(4):81-89.

[182] 杨福霞,郑欣.价值感知视角下生态补偿方式对农户绿色生产行为的影响[J].中国人口·资源与环境,2021,31(4):164-171.

[183] 唐萌.陕西农业经济-生态-社会复合系统耦合协调发展研究[D].西安:陕西科技大学,2019.

[184] 廖茂林,潘家华,孙博文.生态产品的内涵辨析及价值实现路径[J].经济体制改革,2021(1):12-18.

[185] 丘水林,庞洁,靳乐山.自然资源生态产品价值实现机制:一个机制复合体的分析框架[J].中国土地科学,2021,35(1):10-17+25.

[186] 张灿强,付饶.基于生态系统服务的乡村生态振兴目标设定与实现路径[J].农村经济,2020(12):42-48.

[187] 刘凤,刘英恒太.生态效率、农业机械化与农业经济发展——基于PVAR模型的动态研究[J].农业经济与管理,2020(6):43-54.

[188] 童依霜,周金莺,丁倩,等.生态产品价值实现的“一村万树”绿色期权模式[J].中国环境管理,2020,12(5):18-27.

[189] 安晓宁,辛岭.中国农业现代化发展的时空特征与区域非均衡性[J].资源科学,2020,42(9):1801-1815.

[190] 李福夺,任静,尹昌斌.资本禀赋、价值认知与农户绿肥养地采纳行为——基于南方稻区农户调查数据及生态补偿政策的调节效应[J].农林经济管理学报,2020,19(4):464-475.

[191] 梅怡明,乔长涛,汪凯达,等.中国省域农业生态资本运营水平评价

[J]. 统计与决策,2020,36(15):80-83.
[192] 王兵,牛香,宋庆丰. 中国森林生态系统服务评估及其价值化实现路径设计[J]. 环境保护,2020,48(14):28-36.
[193] 洪佳雨,张倩,吴锋,等. 农业生态补偿的环境效益评估——以"稻改旱"政策为例[J]. 干旱区资源与环境,2020,34(8):103-108.
[194] 金书秦,韩冬梅. 农业生态环境治理体系:特征、要素和路径[J]. 环境保护,2020,48(8):15-20.
[195] 张慧鹏. 大国小农:结构性矛盾与治理的困境——以农业生态环境治理为例[J]. 中国农业大学学报(社会科学版),2020,37(1):15-24.
[196] 邵光学. 新中国70年农村生态文明建设:成就、挑战与展望[J]. 当代经济管理,2020,42(4):6-11.
[197] 张董敏,齐振宏. 农村生态文明水平评价指标体系构建与实证[J]. 统计与决策,2020,36(1):36-39.
[198] 肖文海,蒋海舲. 资源富集生态功能区可持续脱贫研究——以生态价值实现为依托[J]. 江西社会科学,2019,39(12):53-59.
[199] 王晓毅. 生态文明话语下的乡村振兴[J]. 南京工业大学学报(社会科学版),2019,18(5):42-48+111.
[200] 赵丹丹,周宏. 禀赋特征、外部性与农业生产集聚:基于全国31省的证据[J]. 长江流域资源与环境,2019,28(9):114-124.
[201] 梁流涛,祝孔超. 区际农业生态补偿:区域划分与补偿标准核算——基于虚拟耕地流动视角的考察[J]. 地理研究,2019,38(8):88-104.
[202] 王彬彬,李晓燕. 基于绿色农业的市场化直接补偿方式研究[J]. 农村经济,2019(6):1-7.
[203] 潘世磊. 农业生态资本投资效应研究[D]. 武汉:中南财经政法大学,2019.
[204] 马翼飞. 农业生态资本运营与绿色减贫协同发展评价研究[D]. 武汉:中南财经政法大学,2019.
[205] 郭清卉,李昊,李世平,等. 个人规范对农户亲环境行为的影响分析——基于拓展的规范激活理论框架[J]. 长江流域资源与环境,

2019,28(5):176-184.

[206] 丛晓男,单菁菁.化肥农药减量与农用地土壤污染治理研究[J].江淮论坛,2019(2):19-25.

[207] 金赛美.中国省际农业绿色发展水平及区域差异评价[J].求索,2019,312(2):89-95.

[208] 蔡荣,汪紫钰,钱龙,杜志雄.加入合作社促进了家庭农场选择环境友好型生产方式吗?——以化肥、农药减量施用为例[J].中国农村观察,2019(1):51-65.

[209] 魏佳容.减量化与资源化:农业废弃物法律调整路径研究[J].华中农业大学学报(社会科学版),2019(1):116-122+168.

[210] 黎元生.生态产业化经营与生态产品价值实现[J].中国特色社会主义研究,2018,142(4):86-92.

[211] 梁伟军,胡世文.农民理性视角下的农村生态文明建设研究——基于荆门市X镇农民的调查[J].华中农业大学学报(社会科学版),2018(4):123-133.

[212] 黄炎忠,罗小锋,李容容,张俊飚.农户认知、外部环境与绿色农业生产意愿——基于湖北省632个农户调研数据[J].长江流域资源与环境,2018,27(3):230-237.

[213] 刘向华.我国农业生态系统服务价值的核算方法[J].统计与决策,2018,34(3):24-30.

[214] 申端锋.小农生产的负外部性与环境管制——基于秸秆禁烧个案的分析[J].求索,2017(9):87-92.

[215] 李晓燕.农业生态环境双重功能的冲突与协调[J].农村经济,2017(7):52-56.

[216] 王显金,钟昌标.沿海滩涂围垦生态补偿标准构建——基于能值拓展模型衡量的生态外溢价值[J].自然资源学报,2017,32(5):742-754.

[217] 刘朋虎,仇秀丽,翁伯琦,等.推动传统生态农业转型升级与跨越发展的对策研究[J].中国人口·资源与环境,2016,26(S2):178-182.

[218] 王奕淇,李国平.基于能值拓展的流域生态外溢价值补偿研究——以渭河流域上游为例[J].中国人口·资源与环境,2016,26(11):69-75.

[219] 刘向华.资源福祉视角下构建我国农业生态补偿体系的思考[J].生态经济,2016,32(10):97-100.

[220] 刘静,高静,张应良.产业链视角下农民合作经济组织亲环境行为研究[J].农村经济,2016(8):72-77.

[221] 牛海鹏,肖东洋,部智方.多层次作用边界下粮食主产区耕地保护外部性量化及尺度效应[J].资源科学,2016,38(8):1491-1502.

[222] 宋燕平,滕瀚.农业组织中农民亲环境行为的影响因素及路径分析[J].华中农业大学学报(社会科学版),2016(3):53-60.

[223] 王宝义.中国高效生态农业发展的影响因素及未来趋势[J].现代经济探讨,2016(3):42-46.

[224] 严立冬,陈胜,邓力.绿色农业生态资本运营收益的持续量:规律约束与动态控制[J].中国地质大学学报(社会科学版),2015,15(5):55-61.

[225] 邓远建,肖锐,陈杰.生态脆弱地区农业生态资本运营安全调控机理分析[J].中国地质大学学报(社会科学版),2015,15(5):62-70.

[226] 刘向华.基于农业生态服务价值内涵的耕地资源社会价值探析——以河南省为例[J].农林经济管理学报,2015,14(3):114-121.

[227] 刘圣欢,杨砚池.现代农业与旅游业协同发展机制研究——以大理市银桥镇为例[J].华中师范大学学报(人文社会科学版),2015,54(3):50-58.

[228] 伏润民,缪小林.中国生态功能区财政转移支付制度体系重构——基于拓展的能值模型衡量的生态外溢价值[J].经济研究,2015,50(3):49-63.

[229] 杨晓锋.我国生态农业发展面临的困境与出路——基于社会化小农的调查分析[J].财经理论研究,2015(1):50-56.

[230] 邓远建,肖锐,严立冬.绿色农业产地环境的生态补偿政策绩效评价

[J]. 中国人口・资源与环境,2015,25(1):120-126.

[231] 郭利京,赵瑾. 农户亲环境行为的影响机制及政策干预——以秸秆处理行为为例[J]. 农业经济问题,2014,35(12):78-84.

[232] 李万明,谭周令. 玛纳斯河流域水权交易外部性分析[J]. 生态经济,2014,30(12):180-183.

[233] 胡元聪,谭鑫. 地票交易正外部性的经济法激励探讨[J]. 现代经济探讨,2014(10):74-78.

[234] 屈志光,陈光炬,刘甜. 农业生态资本效率测度及其影响因素分析[J]. 中国地质大学学报(社会科学版),2014,14(4):81-87.

[235] 马琼,刘勤勤,王雅鹏. 基于居民意愿调查的新疆棉花生产正外部性价值估计[J]. 干旱区资源与环境,2014,28(7):84-89.

[236] 陈光炬. 农业生态资本运营:内涵、条件及过程[J]. 云南社会科学,2014(2):111-115.

[237] 邓远建,肖锐,屈志光,陈池波. "益贫式"农业生态补偿机制与政策研究[C]//《中国人口・资源与环境》编辑部. 中国人口・资源与环境 2013 年专刊——2013 中国可持续发展论坛(一). 中国可持续发展研究会,2013:5.

[238] 何可,张俊飚,田云. 农业废弃物资源化生态补偿支付意愿的影响因素及其差异性分析——基于湖北省农户调查的实证研究[J]. 资源科学,2013,35(3):627-637.

[239] 严立冬,邓远建,屈志光. 论生态视角下的低碳农业发展[J]. 中国人口・资源与环境,2010,20(12):40-45.

[240] 严立冬,孟慧君,刘加林,邓远建. 绿色农业生态资本化运营探讨[J]. 农业经济问题,2009,30(8):18-24.

[241] 郭永奇,张红丽. 基于生态系统服务价值的生态补偿问题的探讨——以新疆生产建设兵团为例[J]. 科学管理研究,2009,27(3):69-72.

[242] 杨筠. 生态公共产品价格构成及其实现机制[J]. 经济体制改革,2005(3):124-127.

[243] 乌东峰.论中国传统农业生态观与治理[J].求索,2005(2):4-7.
[244] 高旺盛,董孝斌.黄土高原丘陵沟壑区脆弱农业生态系统服务评价——以安塞县为例[J].自然资源学报,2003(2):182-188.
[245] 唐辉远.农业生态环境治理与可持续发展[J].长江流域资源与环境,2001(3):248-251.
[246] 李永敏,郭华明.黄土高原农业生态环境治理效果评价体系初探[J].环境保护,1999(10):22-23.
[247] 中办、国办印发《关于加快构建政策体系培育新型农业经营主体的意见》[J].农村工作通讯,2017(12):5-8.
[248] 肖锐.财政支农对农业绿色生产率的影响研究[D].武汉:中南财经政法大学,2018.
[249] 严立冬,何伟,乔长涛.绿色农业产业化的政策性金融支持研究[J].中南财经政法大学学报,2012(4):54-60.
[250] 高博.内蒙古自治区财政支农优化研究[D].呼和浩特:内蒙古农业大学,2016.
[251] 麦瑜翔.农业生态资源资本化支持政策研究[D].武汉:中南财经政法大学,2018.
[252] 李志起."丽水山耕"品牌建设之我见[J].农产品市场周刊,2018(07):40-43.
[253] 安增龙,姚增福,王乐玲.黑龙江农业产业化金融支持体系构建的理论研究[J].时代金融,2007(6):40-42.
[254] 陆强.城镇化进程中的农业政策性金融支持研究[D].南昌:江西财经大学,2014.
[255] 董德利.布罗代尔钟罩视角下的农村土地金融分析[J].山东行政学院学报,2018,162(5):92-98.
[256] 綦卫东.重庆地票制度的功能研究:制度经济学视角[D].重庆:西南大学,2016.
[257] 方令.城乡统筹中的土地问题探索[J].中外企业家,2010(19):44-47.

[258] 徐成峰.我国耕地保护经济补偿机制研究[D].北京:首都经济贸易大学,2018.

[259] 黄铭,白林.生态资本价值的计量[J].特区经济,2008(12):262-264.

[260] 苏蕾,李扬.林业碳汇模式新思路——碳币全民市场信用体系[J].浙江金融,2018(6):19-24.

[261] 杨顺顺,宋春艳,谢瑾岚.绿色农产品产业生态补偿主体的博弈分析[J].生态经济,2012(06):75-78.

[262] 吕刚.绿色农业生态补偿对策研究[D].咸阳:西北农林科技大学,2013.

[263] 贾若祥,高国力.地区间建立横向生态补偿制度研究[J].宏观经济研究,2015(3):13-23.

[264] 刘艳中.基于生态足迹模型的南阳市耕地保护战略环境影响评价研究[D].武汉:中国地质大学,2008.